Heinrich Holland (Hrsg.)

Direktmarketing-Fallstudien

Heinrich Holland (Hrsg.)

Direktmarketing-Fallstudien

Beispiele für Datenbanken,
Adress-Selektionen, Mailings

Die Deutsche Bibliothek – CIP-Einheitsaufnahme
Ein Titeldatensatz für diese Publikation ist bei
Der Deutschen Bibliothek erhältlich

1. Auflage Januar 2002

Alle Rechte vorbehalten
© Betriebswirtschaftlicher Verlag Dr. Th. Gabler GmbH, Wiesbaden 2002

Lektorat: Ulrike M. Vetter

Der Gabler Verlag ist ein Unternehmen der Fachverlagsgruppe BertelsmannSpringer.
www.gabler.de

Das Werk einschließlich aller seiner Teile ist urheberrechtlich geschützt. Jede Verwertung außerhalb der engen Grenzen des Urheberrechtsgesetzes ist ohne Zustimmung des Verlags unzulässig und strafbar. Das gilt insbesondere für Vervielfältigungen, Übersetzungen, Mikroverfilmungen und die Einspeicherung und Verarbeitung in elektronischen Systemen.

Die Wiedergabe von Gebrauchsnamen, Handelsnamen, Warenbezeichnungen usw. in diesem Werk berechtigt auch ohne besondere Kennzeichnung nicht zu der Annahme, dass solche Namen im Sinne der Warenzeichen- und Markenschutz-Gesetzgebung als frei zu betrachten wären und daher von jedermann benutzt werden dürften.

Umschlaggestaltung: Nina Faber de.sign, Wiesbaden

Gedruckt auf säurefreiem und chlorfrei gebleichtem Papier

ISBN-13: 978-3-409-11773-9   e-ISBN-13: 978-3-322-82354-0
DOI: 10.1007/978-3-322-82354-0

Vorwort

Das Direktmarketing hat in den letzten Jahren eine rasante Entwicklung mit starken Zuwachsraten erlebt. Nahezu alle Branchen haben es in ihr Marketing-Instrumentarium übernommen. Handelsunternehmen, Finanzdienstleister wie Banken und Versicherer, Markenartikelhersteller und Industrieunternehmen haben nach positiven Erfahrungen immer größere Anteile ihres Marketingetats in das Direktmarketing geleitet. Auch für zahlreiche mittelständische Unternehmen ist diese direkte Form der Kundenansprache unverzichtbar geworden. Da der Bedarf nach gut ausgebildeten Mitarbeitern wächst, gewinnt das Direktmarketing auch in der Forschung und Lehre einen immer größeren Stellenwert.

Die Deutsche Direktmarketing Akademie (DDA) bildet seit zehn Jahren Führungsnachwuchs für das Direktmarketing in Düsseldorf, Frankfurt, Hamburg und Berlin aus. Die Teilnehmer kommen aus den unterschiedlichsten Branchen und sind in vielfältigen Bereichen innerhalb des Direktmarketing beschäftigt. In der Ausbildung, die etwa ein halbes Jahr dauert, besuchen die Teilnehmer Seminare, schreiben Klausuren und eine Diplomarbeit und bearbeiten im Team als „Nachwuchsagentur" eine reale Aufgabenstellung auf Grund des Briefings eines Auftraggebers.

Die Ergebnisse dieser Projekte sind oft so gut gelungen und fundiert, dass einige in diesem Buch als Fallstudien vorgestellt werden. Es handelt sich hier um Arbeiten, die Direktmarketing-Strategien für Unternehmen verschiedener Branchen erarbeiten und die als „Muster" mit hohen Lerneffekten dienen können, da sie systematisch bearbeitet und begründet werden. Einige der Strategien werden von den Auftraggebern vollständig oder zumindest in Teilen umgesetzt.

In Teil I beschäftigt sich die Nachwuchsagentur „Dialogix" mit einem Konzept für die Neukundengewinnung und Kundenbindung für ein Energieversorgungsunternehmen, das die Zielgruppe der Gewerbetreibenden anspricht.

Die N@ttworker entwickeln im Teil II ein Konzept zum Customer Relationship Management (CRM) für die 3 M Health Information Systems, mit dem Neukunden für eine Software zur Abrechnung von Krankenhausleistungen gewonnen werden.

Teil III stellt eine Dialogmarketing-Kampagne von „Anders[5]" zur Absatzsteigerung des Online-Kontokorrentkontos für die PSD-Banken dar.

In Teil IV erarbeiten die „Blady Marys" ein Marketing-Konzept für die Lofty Zweitfrisuren GmbH, um eine neue Zielgruppe für den Absatz von Perücken anzusprechen.

Die vier Fallstudien zeigen die Vielfalt des Direktmarketing. Sie stammen aus unterschiedlichen Branchen und setzen unterschiedliche Schwerpunkte zur Lösung der Aufgabenstellungen.

Mein Dank gebührt allen Mitarbeitern der Projektgruppen, die im Buch als Autoren der Fallstudien genannt werden. Sie haben sich die Mühe gemacht, sich nach der erfolgreichen Präsentation und dem Abschluss ihrer Ausbildung noch einmal mit ihren Themen zu beschäftigen und ihre Präsentation zu einem ausformulierten Text zu überarbeiten.

Weiterhin danke ich den Auftraggebern der Projektgruppen für die interessanten Aufgabenstellungen, die umfangreichen bereitgestellten Informationen und die Bereitschaft, die Arbeiten zur Veröffentlichung freizugeben.

Allen Mitarbeiter/innen und Dozenten/innen der Deutschen Direktmarketing Akademie sowie Frau Ulrike M. Vetter vom Gabler Verlag gilt ebenfalls mein Dank für ihren Beitrag zum Gelingen dieses Buches.

Mainz, im Januar 2002   Heinrich Holland

Inhalt

Vorwort	5
Teil I: Neukundengewinnung und Kundenbindung von Gewerbetreibenden *Dorothe von der Straten*	13
1. Aufgabenstellung	14
2. Die Ist-Situation des europäischen Energieversorgers	14
2.1 Das Unternehmen	14
2.2 Ziele	15
2.3 Produkt	16
2.4 Zielgruppe	16
2.5 Bisherige Konzepte	16
2.5.1 Haushaltskundenkarte	17
2.5.2 Die Kundenzeitschrift für die Haushaltskunden	17
2.5.3 Der Club für die Geschäftskunden	17
2.5.4 Events/Sponsoring	18
2.6 Konkurrenzbeobachtung	18
2.7 Branchenanalyse des Umlandes	20
3. Kundenerwartungsanalyse im Zielgruppensegment	20
4. Marketing-Strategie	26
4.1 Kundenbindung	26
4.2 Preispolitik	27
4.3 Servicepolitik	28
4.4 Strom als Marke	28
4.5 Positionierung	29
5. Direktmarketing	30
5.1 Vorteile des Direktmarketing	30
5.2 Maßnahmen zur Verbesserung von Kundenbeziehungen	31
5.3 Mailings	31
5.3.1 Vorteile des Mailings	31
5.3.2 Strategische Überlegungen	32
5.3.3 Dreistufiges Mailing	33
5.3.4 USPs des Energiedienstleisters	34
5.3.5 Mailing-Kernaussagen	35
5.3.6 Erfolgsfaktoren für die Mailinggestaltung	35
5.4 Bestandteile des Mailings	36
5.4.1 Kuvert	36
5.4.2 Das Anschreiben	37

5.4.3 Prospekt	48
5.4.4 Reaktionsmittel	49
5.5 Das dritte Mailing	51
6. Flankierende Medien	**52**
6.1 Außenwerbung	52
6.2 Der Radiospot	53
6.3 Anzeigen in Innungszeitungen	54
7. Neuer Internetauftritt	**54**
8. Budgetplanung	**57**
9. Die zeitliche Planung der Direktmarketing-Aktivität	**60**
9.1 Notwendigkeit der Planung	60
9.2 Planung der Kommunikationsstrategie	60
9.3 Gestaltung der Mailings, Radiospots, Großflächenplakate	61
9.4 Neuer zielgruppenspezifischer Internetauftritt	61
10. Verbleibende Aufgaben für ARON	**62**
11. Perspektiven	**63**
11.1 Aktualisierte Datenbank	63
11.2 Weitere Segmentierung der Gewerbekunden	64
11.3 Professionelle Öffentlichkeitsarbeit	64
11.4 Member gets Member	64
11.5 Newsletter: E-Mail-Marketing / Permisson-Marketing	64
11.6 Internetauftritt	66
Teil II: Erstellung eines Direktmarketing-Konzeptes für die Abteilung 3M Health Information Systems *Daniela Friedel, Susanne Röhrenbeck, Uta Roßner, Matthias Borner, Gerd Friß*	**67**
1. Aufgabenstellung	**68**
2. Abrechnungssystem im stationären Bereich der Akutversorgung – von Pflegesätzen, Fallpauschalen und Sonderentgelten zu Diagnosis Related Groups (DRG)	**69**
2.1 System der Pflegesätze, Fallpauschalen und Sonderentgelte	69
2.2 Abrechnung nach DRG (Diagnosis Related Groups)	70
2.3 Einführung zum 1. Januar 2003 und Konsequenzen	71
3. Ist-Situation bei der Abteilung 3M Health Information Systems	**72**
3.1 3M-Konzern und Unternehmensphilosophie	72
3.2 Organisationsstruktur von 3M Health Information Systems	72
3.3 Produkte und Dienstleistungen	73
3.4 Wettbewerb	74

3.5 Bisherige Konzepte	
3.6 Erfolgskonzept für die Zukunft	74
3.7 Ziele	74
4. Customer Relationship Management und Direktmarketing als Brücke zum Kunden	75
4.1 Customer Relationship Management (CRM)	76
4.1.1 Definition von CRM	76
4.1.2 Notwendigkeit von CRM	76
4.1.3 Funktionen von CRM	77
4.1.4 CRM in der Abteilung 3M Health Information Systems	77
4.1.5 Voraussetzungen für CRM	78
4.1.5.1 Unterstützung durch die Geschäftsleitung	78
4.1.5.2 Koordination innerhalb der Abteilung	79
4.1.5.3 Mitarbeiterschulung	79
4.1.5.4 Kundendatenbank	80
4.1.5.5 Strategie und Marketingplan	80
4.1.6 Umsetzung von CRM	84
4.2 Direktmarketing als Brücke zum Kunden	85
4.2.1 Bedeutung von Direktmarketing für 3M Health Information Systems	85
4.2.2 Direktmarketing-Instrumente	85
4.2.2.1 Telemarketing	87
4.2.2.2 Informationsmaterialien	88
4.2.2.3 Anzeigen	89
4.2.2.4 Internet	89
4.2.2.5 Mailings	92
4.2.2.6 Hotline	96
4.2.2.7 Schulungen, Seminare und Kongresse	97
4.2.2.8 Messen und Veranstaltungen	97
4.2.2.9 Meinungsbildner	99
4.2.2.10 Fachartikel / PR	100
4.2.2.11 Kundenzeitschrift	100
4.2.2.12 „Einfach mal anders sein"	101
5. Beispiel einer Mailingkonzeption zur Neukundengewinnung	104
5.1 Zielvorgaben und Zielgruppen	104
5.2 Anforderungen	104
5.3 Konzept	105
5.4 Umverpackung	106
5.5 Anschreiben	107
5.6 Abakus	108
5.7 Fragebogen	110
5.8 Zweite Mailingstufe	110
	114

Teil III: Dialogmarketing-Kampagne zur erfolgreichen Absatzsteigerung des Online-Kontokorrentkontos PSD GiroDirekt
Simone Kratz, Carolin Hornauer, Andrea Streller, Björn Wiese, Stephan Hartkens 115

1. Aufgabenstellung 116
2. Beurteilung des Status Quo 117
    2.1 Der Auftraggeber und seine Kunden 117
    2.2 Zielsetzung für die Agentur 118
    2.3 Festlegung der Zielgruppe 118
    2.4 Bisherige Konzepte der PSD-Banken 119
    2.5 Produktdarstellung 120
    2.6 Analyse der Wettbewerbssituation und Strategieüberlegungen 121
3. Die strategischen Bausteine der Dialogmarketing-Kampagne 123
    3.1 Key Visual 123
        3.1.1 Gestaltungsmerkmale 124
        3.1.2 Inhaltliche Merkmale 124
        3.1.3 Aktive Nutzung und zugleich Penetration des Key Visuals 124
    3.2 Unique Advertising Proposition (UAP) 125
    3.3 Emotionale Ansprache 126
    3.4 Multi Channel 126
    3.5 Value Added Services 127
4. Kontinuierliche verkaufsunterstützende Dialog-Maßnahmen 127
    4.1 Kundenzeitschrift 128
    4.2 Internet 129
    4.3 Filialen 132
5. Werbeauftritt 133
6. Dialogmarketing-Kampagne 133
    6.1 Einstiegsmailing 135
    6.2 Verkaufsmailing 137
    6.3 Infopackage 138
    6.4 Quality Center 140
    6.5 SMS-Marketing 141
    6.6 Danke-Mailing 142
7. Zeitstrahl 143
8. Zusammenfassung 144
9. Statement des Auftraggebers 145

Teil IV: Marketing-Konzept für die Lofty Zweitfrisuren GmbH *Barbara Engel, Tanja Gneißl, Astrid Kobbert, Tina Melzer,* *Barbara Schmitt*	147
1. Einleitung	148
2. Zielvorgabe	148
3. Ausgangssituation	148
3.1 Historie des Unternehmens	148
3.2 Produkt	149
3.3 Kunden	149
3.4 Beratung	150
3.5 Kataloge	150
3.6 Distribution	150
3.7 Kommunikation	150
4. Zielgruppe	151
4.1 Allgemeines zur Zielgruppe	151
4.2 Konsumverhalten	151
4.3 Kommunikation	152
4.4 Psychologisches Alter	152
4.5 Mediastrategie	153
4.6 Pressearbeit	154
4.7 Produktangebot	156
4.8 Besonderheiten	157
4.9 Beeinflusser	157
5. Markt und Wettbewerber	158
5.1 Markt	158
5.2 Wettbewerber	159
6. Strategie	162
6.1 Redaktionelle Beiträge	162
6.2 Anzeigen	163
6.3 Selfmailer	163
6.4 Katalogversand	164
6.4.1 Anschreiben bei Katalogversand an Neukunden	164
6.4.2 Katalogversand an bestehende Kunden und Interessenten	164
6.5 Neuer Katalog	166
7. Budget	168
8. Lofty – fit for future	169
Schlusswort	170
Der Herausgeber	171

Teil I: Neukundengewinnung und Kundenbindung
von Gewerbetreibenden

Dorothe von der Straten

1. Aufgabenstellung

Die *Dialogmarketing-Agentur* Dialogix wurde von Diana Gerdau, Marie-Luise Heinsohn, Ralf Poppe, Dorothe von der Straten und Nadja Welz an der Deutschen Direktmarketing Akademie (DDA) mit dem Ziel gegründet, eine Direktmarketing-Kampagne für einen bekannten europäischen *Energiedienstleister* durchzuführen. Besonderer Dank gilt der Unterstützung bei der Telefonbefragungsaktion durch die HE-Call Service GmbH sowie insbesondere der Agentur Schilling-Design und der Art-Direktorin Frau Anja Oehlckers für ihre kreative Umsetzung im gestalterischen Bereich und ihren äußerst engagierten Einsatz.

Aufgabe war es, eine attraktive sowie effektive Direktmarketing-Kampagne zur Neukundengewinnung und Kundenbindung von Gewerbetreibenden für den Energiedienstleister zu entwerfen. Mittels sinnvoller Arbeitsaufteilung sowie eines zeitlichen wie strategischen Konzepts wurde zielstrebig vorgegangen. Die einzelnen Arbeitsschritte waren kein linearer Vorgang, sondern meist griffen die Detailplanungen direkt ineinander und wurden parallel erarbeitet. Der Agentur Dialogix oblagen die Medien-Auswahl (Media-Mix), die Kreation sowie Teile der Produktion. Das Ziel war vorher bestimmt, die Zielgruppe definiert, der Kampagnenzeitpunkt festgelegt wie auch die Kapazitäten geplant. Für die Information der Mitarbeiter während der Durchführung der Kampagne ist der Energiedienstleister später selbst zuständig, um eine optimale integrierte Kommunikation zu gewährleisten.

Dreh- und Angelpunkt für eine gute Agenturleistung ist somit das *Briefing*. Das Briefing ist Grundlage jeder Gestaltung. Es enthält die wichtigsten Daten und Informationen für das erfolgreiche Entwickeln einer Werbemaßnahme. Wichtige Aspekte im Briefing sind die exakte Beschreibung der Zielgruppe, Besonderheiten des konkret zu bewerbenden Produkts, die Wettbewerbssituation des Unternehmens, die Festlegung der Wirkung, die das Unternehmen mit dieser konkreten Werbemaßnahme bei der Zielgruppe erreichen möchte, sowie Hintergrundinformationen, wie zum Beispiel Gestaltungsrichtlinien für ein einheitliches Corporate Design. Die Arbeit einer Agentur ist also immer maximal so gut wie ihr Briefing.

2. Die Ist-Situation des europäischen Energieversorgers

2.1 Das Unternehmen

Bei dem Auftraggeber handelt es sich um einen Energieversorger mit alteingesessener Tradition sowie einem sehr guten Image. Der Name, der hier anonymisiert werden muss und *ARON* lauten soll, bürgt für ein allgemein anerkanntes Know-how rund um die Energie. Das Unternehmen hat im nächsten Umkreis einen Marktanteil von fast einhundert Prozent, was auch auf eine sehr geringe Reklamationsrate zurückzuführen ist. Aufgrund der *Liberalisierung des Stromsektors*, es kann nun also jeder Kunde aus dem Kreis der Anbieter frei wählen, ist der Marktanteil jedoch rückläufig. Die Bekanntheit im gesamten Land ist noch recht gering, wenn auch die Anzahl der landesweiten Großkunden stetig zunimmt.

Durch die Liberalisierung des Strommarktes stehen die ehemaligen Monopolisten nun plötzlich im *Wettbewerb* um ihre Kunden. Für ARON bedeutet dies, schnellstens wirksame Ansätze für die Kundenbindung und -gewinnung zu entwickeln und einzusetzen. Jetzt besteht nicht nur die Möglichkeit, sondern die Notwendigkeit, neue Zielgruppen anzusprechen, um überleben zu können. An vorderster Front sind mit Marketing und Vertrieb plötzlich völlig neue Disziplinen gefragt. Ein Preisverfall ungeahnten Ausmaßes verlangt nach neuen strategischen Ausrichtungen: Der Kunde steht nun im Mittelpunkt der unternehmerischen Überlegung.

Nur, wie *wechselwillig* ist der Kunde überhaupt? Er ist sich zwar bewusst, durch den liberalisierten Strommarkt Geld sparen zu können, es gibt jedoch viele *Ängste*:

- Kein Vertrauen in neue Anbieter,
- Zweifel an deren Zuverlässigkeit,
- starke emotionale Bindung an den bisherigen Lieferanten,
- ein großes Informationsdefizit bezüglich anderer Anbieter hinsichtlich der Kriterien Herkunft, Solidität und Stromkompetenz, die die Seriosität dieser Unternehmen belegen,
- Ängste bezüglich der Sicherheit der Versorgung.

Ein Profil für *Gewerbekunden* liegt bisher nicht vor; sie werden derzeit den Haushaltskunden zugeordnet.

Kunden mit einem Verbrauch von mehr als 30 000 kWh zählen zu den Geschäftskunden. Für diese werden je nach Bedarf individuelle Verträge ausgehandelt.

2.2 Ziele

ARON möchte neue *Gewerbekunden* im „Speckgürtel" einer europäischen Großstadt gewinnen und diese unter anderem durch die Einführung einer *Kundenkarte* an sich binden.

2.3 Produkt

Im Vordergrund steht der Verkauf von Strom aus *konventioneller* Produktion (also nicht „grüner Strom") mit regionalem Angebot, welcher die Option auf eine Kundenkarte beinhalten soll. Zwei Preisgefüge im mittlerem Preissegment mit einer Vertragslaufzeit von zwölf Monaten sollen möglich sein.

2.4 Zielgruppe

Zielgruppe sind *Gewerbekunden* mit einem Verbrauch von bis zu 30 000 kWh (pro Jahr) im Umland der Großstadt. Zum Vergleich: Eine Familie mit zwei Kindern verbraucht durchschnittlich 2 600 kWh im Jahr. Zunächst sollen 73 Gemeinden im Umland bearbeitet werden, da dort die Bekanntheit höher ist. ARON sieht sich selbst als traditionsreiches Stadtunternehmen; viele Bewohner des Umlandes sind schon aufgrund des Arbeitsplatzes bzw. der kulturellen Anbindung mit der Stadt emotional verbunden.

Das Unternehmen setzt auf den *Slogan*: „Dein Energieversorger ist in der Nähe – also immer für dich da."

Die Grenze von 30 000 kWh wird vom Gesetz gezogen. Über 30 000 kWh zählen Kunden zu den Geschäftskunden; diese müssen einen sogenannten „Fahrplan" vorlegen, damit das Kraftwerk sich auf Lastspitzen einstellen kann.

Derzeit gibt es ca. 20 000 Gewerbebetriebe im Umland. Im Unterschied zu den Haushaltskunden haben viele potenzielle Gewerbekunden Verträge bei der Konkurrenz. Ein Profil für die Gewerbekunden liegt leider noch nicht vor; sie werden momentan den Haushaltskunden zugeordnet. Es ist allerdings bekannt, dass Gewerbekunden zu einer höheren Wechselbereitschaft bei den Stromanbietern neigen. Hinzu kommt, dass es sich bei den Gewerbekunden um eine inhomogene Zielgruppe mit unterschiedlichen Bedürfnissen und Interessen handelt.

Es gibt damit *drei Zielgruppen* mit unterschiedlichen Tarifen:

- Haushaltskunden
- Geschäftskunden und nun
- Gewerbekunden.

2.5 Bisherige Konzepte

Sinnvoll ist es, zunächst die bisherigen Aktivitäten von ARON zu analysieren. Welche Aktionen waren bisher erfolgreich bei den bestehenden Kunden? Und welche dieser Stärken könnte die Bedürfnisse der potenziellen Gewerbekunden treffen, um diese nicht nur für sich zu gewinnen, sondern gleichzeitig Synergien zu nutzen?

ARON war bisher im Bereich Neukundengewinnung und Kundenbindung vielseitig aktiv. Insgesamt kann man diese bisher sehr erfolgreichen Aktivitäten in vier Bereiche einteilen.

2.5.1 Haushaltskundenkarte

Nach der Eröffnung des Wettbewerbes wurden zügig in einer einstufigen Mailing-Aktion alle Altkunden angeschrieben, um auf die Vorteile sowie Neuerungen durch die *Kundenkarte* hinzuweisen. Der Erfolg, dokumentiert durch eine überdurchschnittliche Anzahl neuer Vertragsabschlüsse, war immens. Das Leistungsangebot war allerdings auch vielfältig. Als besonders herausragend sind hier die unzähligen *Partnerschaften* mit ausgewählten Fachgeschäften, Kultur- und Sportveranstaltungen zu nennen, bei denen die Kunden von speziellen Preis- und Leistungsvorteilen unter anderem bei angeschlossenen Versicherern, Banken, Autoverleihern und Reiseanbietern profitieren. Gerade die kulturellen Ereignisse ließen sich zudem sehr medienwirksam vermarkten. ARON konnte damit ein innovatives Dienstleistungs- und Servicepaket präsentieren, also einen vielfältigen Zusatznutzen zum Strom. Es lohnte sich also, die Marke intensiver zu kommunizieren.

2.5.2 Die Kundenzeitschrift für die Haushaltskunden

Die *Kundenzeitschrift* für die Haushaltskunden ist ein vierteljährlich erscheinendes attraktiv aufgemachtes Blatt; zusätzlich erscheinen Sonderausgaben zu besonderen Events. Dort können sich nicht nur die Kooperationspartner mit spannenden Angeboten für die Kunden darstellen, sondern es wird auch auf typische Attraktivitäten in Stadt und Umland hingewiesen. Freie Eintritte sowie Kostproben sind meist durch Gewinnspiele erzielbar. Mit Verlosungen und Gutscheinen werden die Leser zusätzlich animiert. Insgesamt wird eine starke Leserbindung durch verlockende Dialog- und Cross-Selling-Angebote erreicht.

2.5.3 Der Club für die Geschäftskunden

Der Club für die Geschäftskunden ist auch für die landesweiten Entscheider der Großkunden angedacht. Der Club mit einer sehr ansprechenden Örtlichkeit und stilvollem Ambiente bietet die großartige Möglichkeit der Bildung von *Netzwerken* für Geschäfts- und Lieferbeziehungen. Es werden dort nicht nur Sport- und Exklusivreisen angeboten, sondern auch Vortragsreihen mit namhaften Persönlichkeiten aus Wirtschaft, Wissenschaft und Politik. Auch Lifestyle-Themen geben interessante Einblicke und Anregungen. Musikalische wie auch kulinarische Genüsse runden das exklusive Forum für den gemeinsamen Gedankenaustausch entspannend ab. Die gezielte Vernetzung der Clubmitglieder wird durch das clubeigene Intranet gefördert; es besteht dort die

Gelegenheit zur Selbstdarstellung, Kontakte zu vertiefen sowie auf Informationssysteme zugreifen zu können. Insgesamt gilt auch hier das Motto: Der permanente Dialog schafft aus Synergien neue Energie. Es entsteht eine emotionale Bindung zwischen den Entscheidern und dem Energiedienstleister.

2.5.4 Events/Sponsoring

Das Event-Marketing verläuft sehr erfolgreich. Zahlreiche *sportliche Events* finden auch internationale Aufmerksamkeit. Dies steigert darüber hinaus den landesweiten Bekanntheitsgrad und stärkt die Wettbewerbsposition. Auch gibt dies ARON ein sehr gutes Image, nämlich ein Dienstleister mit Dynamik und Teamgeist zu sein. Darüber hinaus erlaubt das Sponsoring die emotionale Aufladung der eigenen Marke; Aufmerksamkeit ist damit garantiert.

2.6 Konkurrenzbeobachtung

Aus den Fehlern wie auch aus den Erfolgen der Konkurrenz lässt sich viel lernen. Welche Aktivitäten ergreift die nächste Konkurrenz, um die Bedürfnisse ihrer Kunden zu befriedigen und damit langfristig diese als loyale Kunden zu binden?

Nachdem die *Hauptkonkurrenten* feststanden, wurde sowohl deren Auftritt im Print- wie auch im Internetbereich im Vergleich zu ARON analysiert. Es ergeben sich dabei folgende Ergebnisse:

Die nächsten Konkurrenten bieten ihren Kunden keine zielgruppenspezifische Behandlung an, was jedoch für eine optimale Kundenbindung erforderlich wäre. Ein Single-Haushalt benötigt andere Informationen als eine Großfamilie oder gar ein Gewerbetreibender. Im Printbereich gibt es zwar viele Kundenzeitschriften, die allerdings kaum durch große Unterschiede oder Spezialitäten herausstechen. Kundenkarten sind so gut wie gar nicht im Einsatz.

Den Internetseiten mangelt es meist sowohl an ansprechender Aufmachung wie an einer Funktionalität, die zum Wiederkommen motivieren würde. Vereinzelt gibt es jedoch nachahmenswerte Highlights. Durch ein schnelles Zurechtfinden auf der Portalseite sind insbesondere zielgruppenspezifische Bereiche hervorzuheben, also eine Unterteilung in Haushaltskunden, Geschäfts- und Gewerbekunden, sodass der Interessent sehr bedienungsfreundlich und schnell mit drei „Klicks" am Ziel ist.

Ferner sind die ungeahnten interaktiven Möglichkeiten des Internet zum Aufbau einer Beziehung zum Kunden zu nennen, wie beispielsweise:

- Call-Back-Funktion,
- Chat mit einem Kundenberater (mit Foto),
- virtuelle Beratungszentren,

- Erläuterung zur Jahresabrechnung auf einen „Klick",
- Download-Verträge,
- Vertragsabschluss per Mail,
- An-, Ab- und Ummeldungen,
- Zählerstände ablesen,
- „Tarifrechner",
- „Tour de Power", also eine virtuelle Kraftwerksbesichtigung von innen,
- Anfahrtsskizze,
- „Stromlexikon",
- Energiespartipps,
- FAQs,
- Erstellung von Wärmegutachten,
- Sicherheitskonzepte,
- Energieverbrauchsanalyse,
- Möglichkeit, Strommessgeräte auszuleihen und diese über das Internet reservieren zu lassen,
- Fernüberwachungen,
- Förderprogramme für Kunden,
- Infos und Tipps zur Region, wie beispielsweise Baustelleninformation,
- Veranstaltungskalender,
- Öffnungszeiten der Bäder,
- Bildarchive und Ausgehtipps,
- Wettbewerbe um Zukunftsprodukte,
- Rubrik „Ihre Meinung".

Insgesamt stellt das Internet also eine optimale Möglichkeit der kostengünstigen *Kundenbindung* dar, zumal durch eine Erstellung von Nutzerprofilen immer individueller auf die Bedürfnisse der Kunden eingegangen werden kann.

2.7 Branchenanalyse des Umlandes

Mit einer umfangreichen statistischen Analyse wurde zunächst die Tarifstruktur von ARON im Verhältnis zum Verbrauch mit der nächsten Konkurrenz verglichen. Dann wurden die Gemeinden mit dem größten Kundenpotenzial in Bezug auf den Verbrauch ausfindig gemacht. Denn dort ist es für ARON am ertragreichsten, seine Marketing- und Vertriebstätigkeiten zu intensivieren.

3. Kundenerwartungsanalyse im Zielgruppensegment

Das Hauptproblem besteht nun darin, dass die anvisierte *Zielgruppe unbekannt* ist. Die potenziellen zukünftigen Kunden haben wahrscheinlich die ähnliche landestypische Mentalität wie die bisherigen Haushalts- oder Geschäftskunden. Hier geht es aber um Neuland, nämlich um Gewerbekunden mit für sie typischen Bedürfnissen und Wünschen an ihren Energieversorger. Das Ziel ist es nun, diese Bedürfnisse und Wünsche herauszufinden, und zwar mittels einer exemplarischen recht ausführlichen telefonischen *Befragungs-Aktion*. Eintausend Adressen wurden aus dem Umland selektiert und in eine spezielle Kundendatenbank eingegeben. Ein entsprechender Gesprächsleitfaden einschließlich der Einwandbehandlung wurde erstellt; die Call-Center-Agenten wurden auf dieses spezielle Thema geschult.

Es wurden ca. 1 000 Gewerbekunden aus dem anvisierten Zielgruppensegment innerhalb von fünf Tagen angerufen. Bezüglich der Zielssetzung der Befragung wurden drei *Schwerpunkte* gesetzt:

- Zunächst die Ermittlung der derzeitigen Gewerbekundensituation, also Fragen bezüglich Preis, Verbrauch sowie der Zufriedenheit mit dem aktuellen Anbieter.
- Dann die Frage nach der Bekanntheit des Energiedienstleisters.
- Der dritte und wesentliche Schwerpunkt lag in der Ermittlung des zukünftigen Kundenverhaltens, also Fragen nach der Wechselbereitschaft, nach den Einflussgrößen Preis und Zusatznutzen.

Die gestellten Fragen sowie die entsprechenden Ergebnisse sind in den folgenden Abbildungen 1 bis 9 dargestellt.

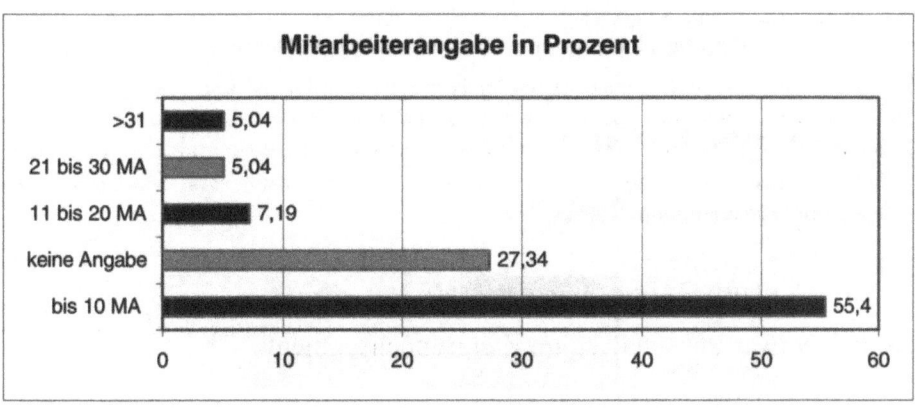

Abbildung 1: Wie viele Mitarbeiter beschäftigen Sie?

Diese Frage gibt eine erste Einschätzung zum Potenzial der Zielgruppe; über die tatsächliche Abnahmemenge sagt dies zunächst noch wenig aus.

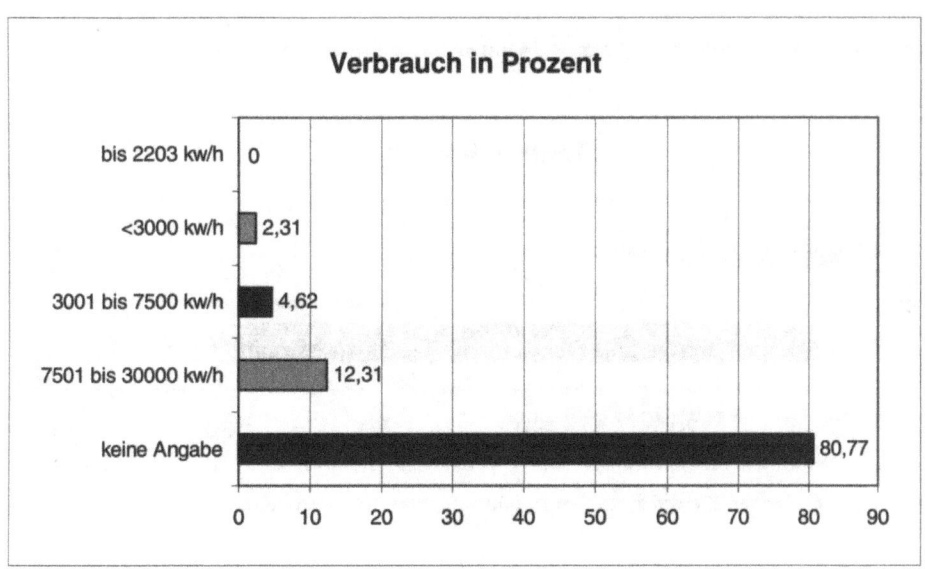

Abbildung 2: Kennen Sie Ihren jährlichen Stromverbrauch?

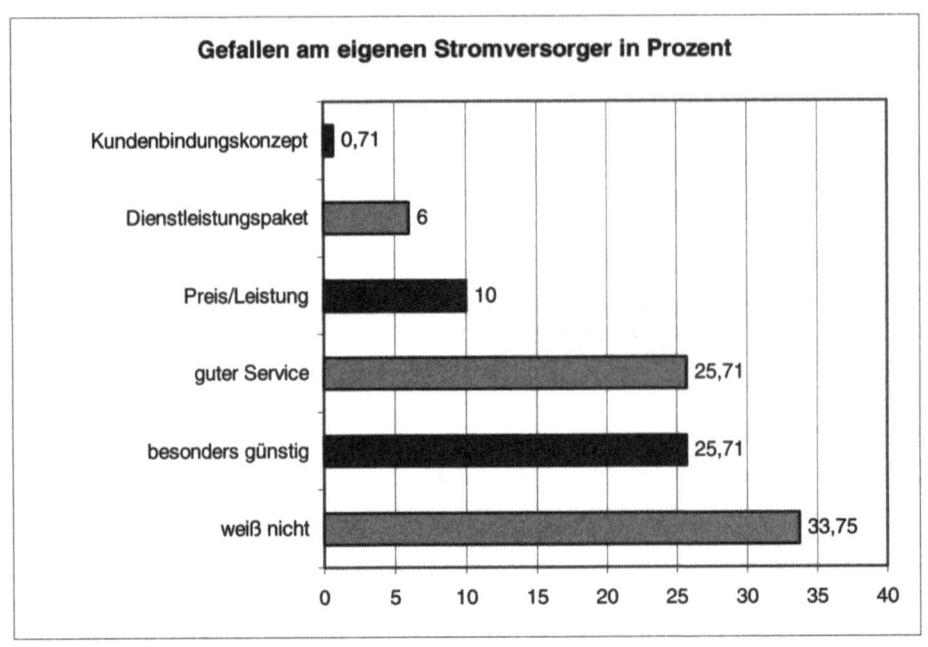

Abbildung 3: Was gefällt Ihnen besonders gut an Ihrem Stromversorger?

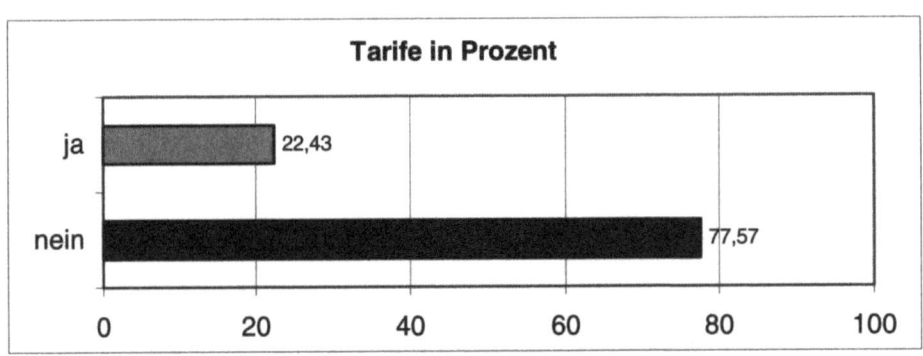

Abbildung 4: Kennen Sie die aktuellen Stromtarife Ihres Stromanbieters?

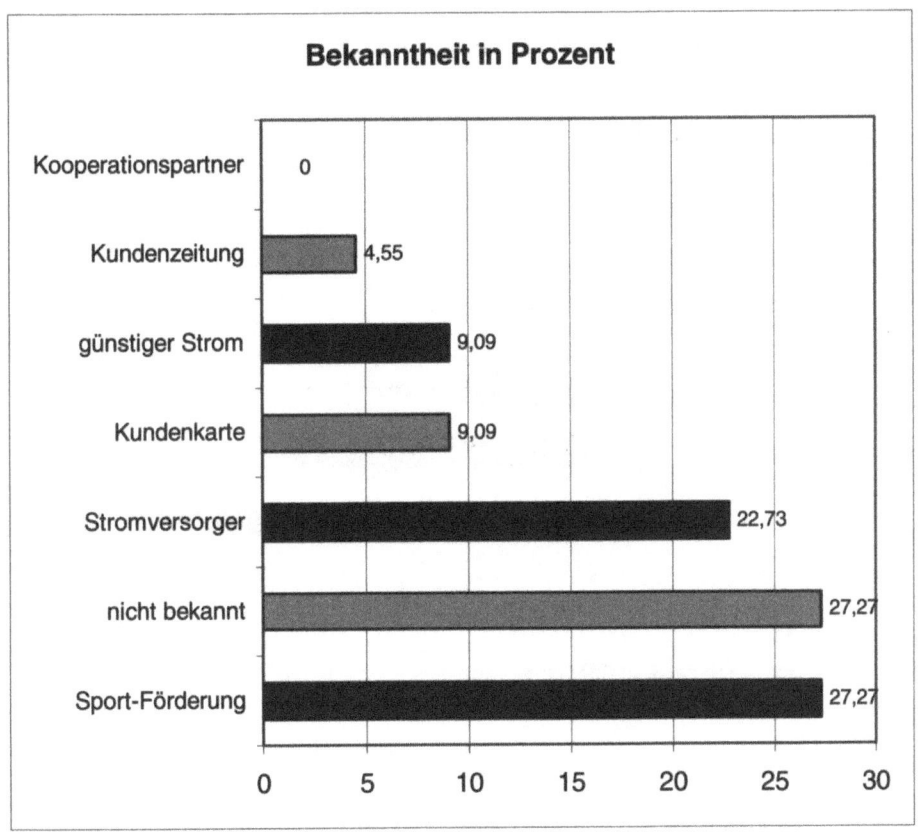

Abbildung 5: Wie bekannt ist ARON?

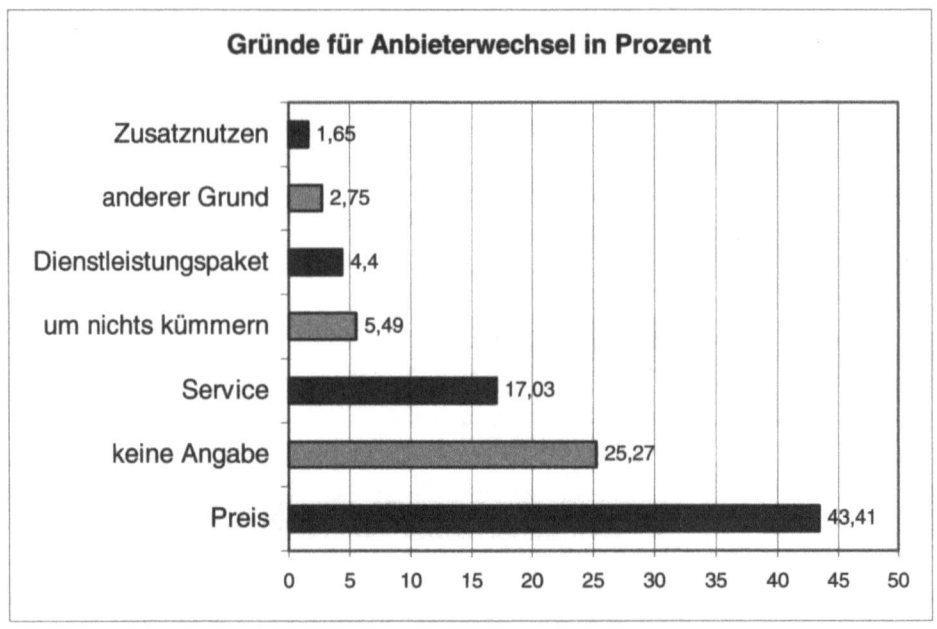

Abbildung 6: Denken Sie aktuell über einen Anbieterwechsel nach?

Gründe für einen Anbieterwechsel sind zunächst Kosteneinsparungen, aber 78 Prozent der Befragten kennen ihren Tarif nicht. Studien bei Industriekunden zeigen, dass Kunden nur bei Preisunterschieden von deutlich mehr als 10 Prozent über einen Wechsel nachdenken. Zudem wird deutlich, dass zukünftig die Strompreise wieder anziehen werden. Weitere Gründe für einen Wechsel sind Tariftransparenz, Betriebssicherheit, Service und Zusatznutzen.

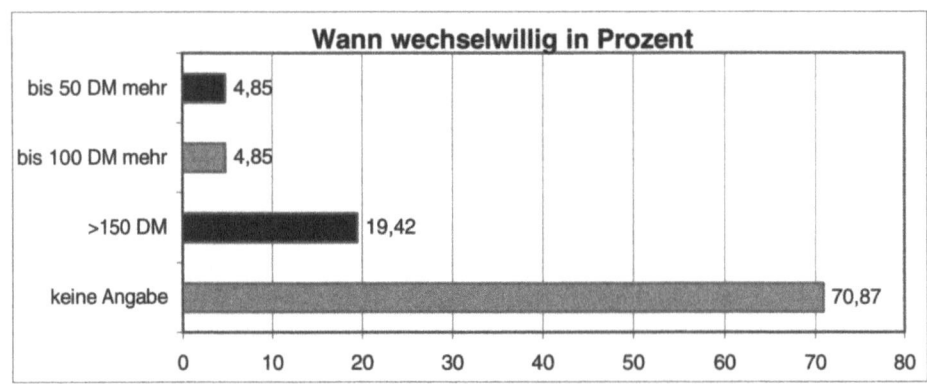

Abbildung 7: Was wären Sie bereit, beim jetzigen Anbieter mehr zu zahlen?

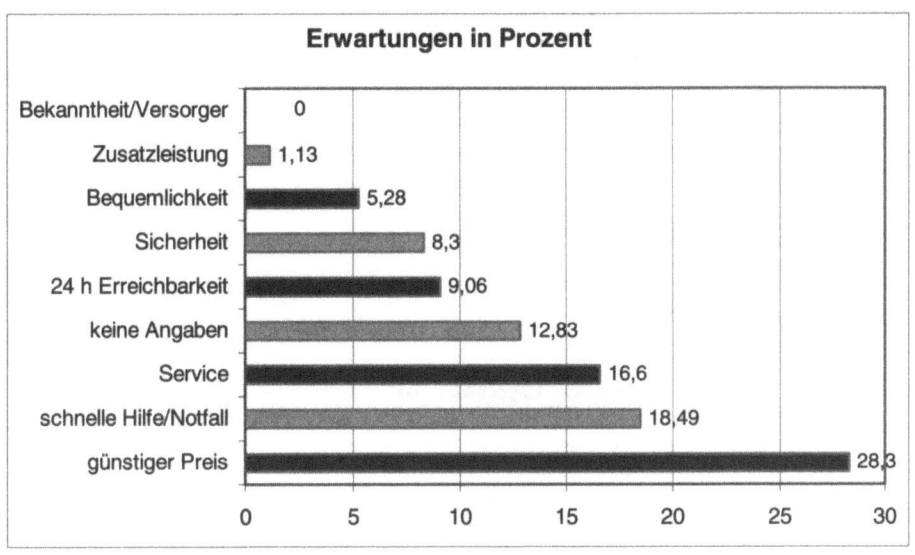

Abbildung 8: Was erwarten Sie von Ihrem Stromanbieter?

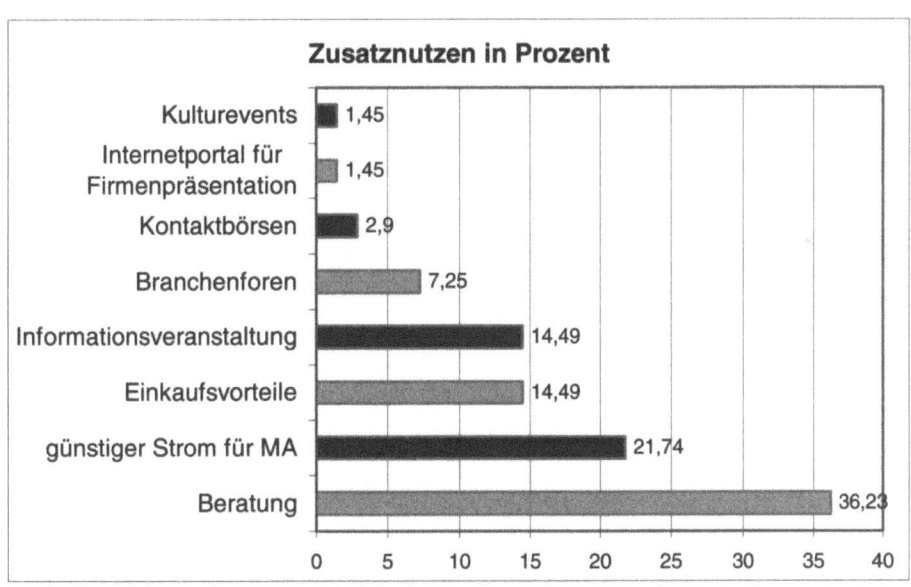

Abbildung 9: Welche Leistungsvorteile sind für Ihr Unternehmen von hohem Nutzen?

Als Fazit der Befragung lässt sich festhalten:

- Die Befragungsergebnisse decken sich im Wesentlichen mit repräsentativen Studien, wie z. B. TNS-Emnid und Sample QM.
- Die große Mehrheit der Gewerbekunden weiß unvorbereitet nicht Bescheid über ihre derzeitige Verbrauchs- und Tarifstrukturen.
- ARON hat einen geringen Bekanntheitsgrad.
- Die Gewerbekunden erwarten von ihrem Energieversorger Folgendes: 28,3 Prozent einen günstigen Preis, 36,3 Prozent eine gute Beratung, 16,6 Prozent einen guten Service und 8,3 Prozent hohe Sicherheit.

Diese umfangreichen recherchierten Ergebnisse sind eine hervorragende Grundlage für die folgende Entwicklung eines zielgruppenspezifischen Produktes inklusive eines intelligenten Kundenbindungskonzeptes.

4. Marketing-Strategie

4.1 Kundenbindung

Um den größtmöglichen Erfolg mit dem vorgegebenen geringen Budget zu erzielen, wurde ein *Kommunikations-Mix* bestehend aus folgenden Komponenten beschlossen:

- Dreistufiges Mailing
- Außenwerbung sowie Radiospot
- Anzeigen in Innungszeitungen
- Neuer Internetauftritt

Damit können die Ziele der Neukundengewinnung und der Kundenbindung erreicht werden. Die Methoden des Direktmarketing haben als wichtigste Aufgabe die Kundengewinnung und die Kundenbindung.

Der Trend geht dabei immer mehr in Richtung *Kundenbindung*. Gründe dafür sind nicht nur, dass die Märkte stagnieren, die Produkte immer austauschbarer werden und der Verdrängungswettbewerb zunimmt, sodass die Gewinnung neuer Kunden zunehmend blockiert wird. Vielmehr hat sich für viele Unternehmen erst nach leidvoller Erfahrung herausgestellt, dass es bis zu zehn mal günstiger ist, einen Altkunden zu halten, als einen neuen Kunden für sich zu gewinnen. Denn die Neukundengewinnung ist oft mit hohen Kosten verbunden, die sich erst sehr langfristig amortisieren. Und Kunden, die bei einer früheren Aktion sowohl mit dem Produkt wie auch mit der damit verbundenen Abwicklung zufrieden waren, können viel leichter zu einem Folgekauf animiert werden als Nichtkunden. Meist verursachen 20 Prozent der Kunden 80 Prozent des Umsatzes (Pareto-Prinzip).

Zufriedene Stammkunden sind für die angestrebte erfolgreiche Mund-zu-Mund-Propaganda als ideale Multiplikatoren bekannt. Diese Kundenbeziehung ist, wie es eigentlich für jede Beziehung gilt, kontinuierlich zu erhalten und zu festigen, da sonst die Loyalität bezüglich weiterer Käufe nachlässt.

4.2 Preispolitik

Ein wettbewerbsorientierter *Preis* ist wesentlich, reicht dennoch zum erfolgreichen Überleben im Wettbewerb allein nur bei überlegener Kostenführerschaft aus. Nur wenn ARON sein Stromangebot durch Elemente anreichert, die den *Kundennutzen* betonen, kann das Unternehmen dem Preiswettbewerb für das Kernprodukt Strom eventuell entgehen. Eine Überbetonung des Preiswettbewerbs führt sonst unweigerlich zum Preiskrieg. Andere erfahrene Branchen, wie zum Beispiel die Zigarettenindustrie oder die Mineralölindustrie, haben schon die Sinnlosigkeit von Preiskriegen erkannt und sollten für die liberalisierten Energieversorgungsunternehmen als Paradebeispiel dienen.

Bereits in den zwanziger Jahren entdeckten die größten amerikanischen Zigarettenhersteller ihre gegenseitige Abhängigkeit und entwickelten eine Art *Branchen-Gewinnmentalität*. Preisabsprachen sind kartellrechtlich verboten, konnten aber durch das pfiffige Hilfsmittel des so genannten „Signaling" umgangen werden. So kündigte Philip Morris zum Beispiel über die Presse eine Steigerung der Zigarettenpreise an, wobei diese Entscheidung beispielsweise mit der gestiegenen Tabaksteuer begründet wurde. Andere Wettbewerber signalisierten einige Tage später ebenfalls über die Presse ihre „Zustimmung" und sprachen ebenfalls von notwendigen Preiserhöhungen. Unternehmen in zahlreichen Branchen verfolgen zwar einerseits ihre ureigenen Ziele, sind aber andererseits bemüht, eine Preissenkungsspirale zu verhindern. Vielmehr nutzen sie andere Marketinginstrumente, um eine Differenzierung von ihrer Konkurrenz zu erlangen. Der Ausbruch aus der verhängnisvollen Vergleichbarkeit ist erforderlich, um nicht dem reinen Preiswettbewerb mehr oder minder hilflos ausgeliefert zu sein. Strom sollte daher mit *Zusatznutzen*, also sowohl weiteren Produkten wie auch insbesondere Dienstleistungen, für den Kunden angereichert sein, um eine klare Differenzierung gegenüber den Konkurrenten zu erzielen.

Die Möglichkeiten der *Preisdifferenzierung* sollten jedoch voll ausgeschöpft werden. Preisdifferenzierung bedeutet, dass für den Strom unterschiedliche Preise in Abhängigkeit von bestimmten Faktoren, wie Zeit, Qualität und Menge verlangt werden. Einerseits besteht das Ziel der Preisdifferenzierung darin, die unterschiedlichen Preisbereitschaften verschiedener Kundensegmente zu nutzen, um höhere Gewinne zu erlangen. Andererseits können durch eine stärkere Differenzierung die Kundenwünsche besser erfüllt werden und somit Vorteile auf beiden Seiten erzielt werden.

Zu den zeitlichen Preisdifferenzierungen zählen tageszeitliche, wochenendorientierte und saisonale Preisgestaltungen sowie unterschiedliche Laufzeiten mit Beachtung von Entscheidungs- und Bezugszeitpunkt wie auch die Gewährung von laufzeitabhängigen Rabatten. Auch die Möglichkeit besonderer Branchentarife sollte überlegt werden, also dann, wenn sich Unternehmen durch ähnliche Lastprofile hervorheben. Sinnvoll ist daher die Einführung von zum Beispiel Bäcker-, Sommerhotel- wie auch Winterhoteltarifen.

4.3 Servicepolitik

Weitere Differenzierungen gibt es in der Sicherstellung von *Servicegarantien* und in der *Qualität der Stromversorgung*. Für manche Kunden ist eine zweiseitige Versorgung bzw. die Bereitstellung von Notstromaggregaten so wichtig, dass sie dafür einen höheren Preis in Kauf nehmen. Über den Preis ist somit neben der Verbesserung der Versorgungsqualität auch die bewusste Inkaufnahme von Verschlechterungen regulierbar.

Ferner erhöhen *Komplett- und Paketangebote* die Kundenbindung. Paketangebote beinhalten die Kombination der reinen Stromlieferung mit der Lieferung anderer Energieträger oder Dienstleistungen. Zu recht erhoffen sich die Kunden von den Paketlösungen günstigere Einkaufskonditionen wie auch eine wesentliche Reduktion des Aufwandes: Eine Rechnung, ein Vertrag und ein Ansprechpartner, was allerdings etliche Änderungen in der Organisation der Energieversorger erfordert. Dies stellt einen gewinnträchtigen Weg vom reinen Energieversorger zum Systemdienstleister dar, der sich langfristig mit der Wertschöpfungskette seines Kunden verzahnt.

Schließlich bilden auch die *Zahlungsmodalitäten*, ähnlich wie bei Versicherungsverträgen, unzählige Möglichkeiten zur erfolgreichen Erfüllung der Kundenwünsche: Von der Vorauszahlung mit attraktiven Verzinsungsmöglichkeiten, Rabatten für eine Abbuchungsermächtigung bis zu Fixpreisen ist alles möglich. Für den dauerhaften Erfolg am Markt ist eine übersichtliche Vertrags- und Preisstruktur überlebenswichtig.

4.4 Strom als Marke

Ein wesentliches Augenmerk gilt insbesondere der *Namensgebung* des Produktes Strom, wobei Energieversorgungsunternehmen in ihrer Kommunikationsstrategie ein gemeinsames Grundproblem haben. Der Strom ist nicht anfassbar, am Strom hängt kein Schild, und er ist nicht verpackt. Bei der Findung des Markennamens haben Einprägsamkeit und Diskriminierungsfunktion in Verbindung mit positiven Assoziationen den höchsten Stellenwert. Wesentlich ist es auch, Glaubwürdigkeit zu transportieren, was am ehesten durch die Dokumentation von Erfahrung und Größe möglich ist. Auch eine mögliche Ausdehnung der Produktpalette, die internationale Einsetzbarkeit und Aussprechbarkeit sowie ein unverwechselbares Emotionsprofil sind zu beachten. Somit wird auch die Belegung der verschiedenen Tarife mit eingängigen Namen unverzichtbar.

Mit Hilfe verschiedener Kreativitätstechniken, wie beispielsweise Brainstorming, werden Namensideen gesammelt, hinsichtlich Assoziationen, Klang des Namens und Aussprechbarkeit sowohl intern wie extern bewertet und schließlich die Schutzfähigkeit des Namens auch bezüglich von Domain-Namen für das Internet ins Kalkül gezogen.

Weil der Strom immer von gleicher Qualität ist und keine besonderen Eigenschaften besitzt, kann fast nur über den *Aufbau einer neuen Markenwelt* eine Differenzierung von den Wettbewerbern erreicht werden. Allerdings sollte ein Wettbewerbsvorteil kreiert werden. Das bedeutet, dass der Vorteil ein für den Kunden wesentliches Leistungsmerkmal betrifft, vom Kunden tatsächlich wahrgenommen wird und von den Wettbewerbern nicht leicht einholbar ist. Dieser Wettbewerbsvorteil sollte prägnant kommuniziert werden, wozu der Aufbau einer Marke entscheidend ist.

Eine harmonische Abstimmung zwischen Unternehmens- und Markenimage ist nicht allein für die Glaubwürdigkeit Grundvoraussetzung. Marken sind nur dann stark, wenn sie mit den Unternehmenszielen und Unternehmensstrategien übereinstimmen.

Was macht aber eigentlich eine *Marke* aus? Es ist ein Bild, das die Erwähnung oder das Sehen der Marke im Kopf des jeweiligen Konsumenten auslöst. Dieses Bild bringt eine Kette weiterer Assoziationen hervor. Eine Marke ist also ein Gemisch aus Informationen, Emotionen, Kommunikation, Erfahrung sowie Persönlichkeit. Ohne vorherige Kommunikation des Nutzens für den Kunden entsteht keine Markenwelt.

4.5 Positionierung

Glaubwürdigkeit ist die zwingende Voraussetzung für die Positionierung jeder Strommarke. Diese Positionierung bezieht sich nicht nur auf leistungsbezogene, sondern insbesondere auf emotionale Kriterien. Dabei prägt insbesondere die Gestaltung der Kommunikationsinhalte die emotionale Positionierung. Und stimmt diese mit der idealen Positionierung der Marke aus Verbrauchersicht überein, können sich die Gewerbetreibenden mit der Marke überhaupt erst identifizieren. Die Kompetenzen des Energiedienstleisters müssen sich allerdings mit der angestrebten Positionierung decken. Strebt ARON die Positionierung als Serviceführer an, sollte die telefonische Erreichbarkeit „nicht länger als drei mal klingeln" bedeuten, wie auch die prompte Zusendung angeforderter Unterlagen. ARON ist bereits als Serviceführer bekannt und kann damit auch den Gewerbetreibenden glaubwürdig diesen Vorteil präsentieren. Damit ist die angestrebte Positionierung auch nicht bereits von einem Konkurrenten besetzt, was ansonsten ein Hinderungsgrund sein könnte.

Ziel von ARON sollte es daher sein, die mühsam gewonnenen Kunden auch an das Unternehmen zu binden. Es ist daher eine *glaubwürdige Kontaktkette* aufzubauen, die die Wünsche des Kunden berücksichtigt und ihm Wertschätzung entgegenbringt. Diese Beziehungspflege genießt einen hohen Stellenwert. Die Erfolge einer professionellen Beziehungspflege liegen über eine stärkere Vernetzung mit der Wertschöpfung des Kunden nicht nur in einer höheren Kundenbindung, sondern auch in dem Ausschöpfen von Cross-Selling-Möglichkeiten. Infolge dieser intensiven Kundenpflege, die Teil eines übergreifenden Gesamtkonzeptes des Unternehmens sein sollte, entwickelt sich aber neben dem hilfreichen tieferen Verständnis für die Probleme der Kunden zudem eine emotionale Kundenbeziehung. Erst wenn die Erwartungen des Gewerbetreibenden deutlich übertroffen werden, er also besonders zufriedengestellt wird, steigt die Bindung überproportional. Und eine Beziehung, die auf Sympathie aufbaut, ist so schnell nicht zu zerstören und gibt dem Unternehmen zudem ein nachhaltiges positives Image.

Diese strategischen Überlegungen führen zur detaillierten Beleuchtung der folgenden einzelnen Bereiche.

5. Direktmarketing

5.1 Vorteile des Direktmarketing

Die Entwicklung vom Massen- zum Direktmarketing ist auf verschiedene Gründe zurückzuführen. Eine Rolle spielt dabei der Wertewandel in der Gesellschaft hin zu einer *Individualisierung* und Differenzierung. Die Märkte sind gesättigt, es gibt fast identische Basis-Produktleistungen, der Wettbewerbsdruck wächst, und der Verbraucher „vagabundiert" zunehmend. Ferner eröffnete die rasante EDV-Entwicklung immer kostengünstigere und leistungsfähigere Möglichkeiten, die Vorteile des Database-Marketing umzusetzen. Durch den persönlichen Dialog mit dem Kunden kann die *Kundenorientierung* intensiver gestaltet werden, wodurch insgesamt die Bindung zwischen dem Unternehmen und seinen Kunden verfestigt wird. Die ehemalige „Gießkannenmethode" der Unternehmen wird durch die steigenden Kommunikationskosten der Massenmedien sowie den teuren Außendienst ineffektiv.

Durch eine zielgenaue Ansprache werden teure Streuverluste reduziert. Auch wird durch eine gezielte und individuelle Ansprache eine höhere Aufmerksamkeit erzielt, denn der Empfänger liest gern seinen eigenen Namen, konkurrierende nicht personalisierte Werbebotschaften können dadurch an Beachtung verlieren.

Ein wesentlicher *Vorteil* des Direktmarketing liegt auch in der eindeutigen und schnellen Messbarkeit des Erfolges jeder Werbeaktion. Kosten und Erträge können eindeutig zugeordnet werden, sodass die Werbeansprache optimiert werden kann. Schließlich besticht das Direktmarketing durch seinen flexiblen wie auch kostengünstigen Einsatz.

5.2 Maßnahmen zur Verbesserung von Kundenbeziehungen

Als herausragende Maßnahmen sind hier folgende zu erwähnen:
- kulante Beschwerdebehandlung,
- Kundenkarte,
- Mailings,
- Kundenclub,
- Kundenzeitschrift.

Die neuen Medien erleben aufgrund des kostengünstigen sowie sofortigen Einsatzes und der optimalen Erfolgskontrolle starke Zuwachsraten.

5.3 Mailings

5.3.1 Vorteile des Mailings

Die adressierten Werbesendungen sind das meist genutzte Medium im Direktmarketing, um eine Botschaft vom Unternehmen zu seinem Kunden oder potenziellen Kunden zu senden.

Die wesentlichen *Vorteile* des Direkt-Mails liegen darin, dass die Zielgruppe, nämlich hier die Gewerbetreibenden, durch das Mailing nicht nur direkt und persönlich, sondern auch tagleich erreichbar ist. Ferner besticht es durch die geringen Kosten, den relativ kurzfristigen Vorlauf wie auch durch die Möglichkeit der Erfolgskontrolle. Durch eine *Stichprobe* von ungefähr 2 000 Gewerbetreibenden lässt sich der Erfolg testen und dann optimieren.

Beim Mailing ist allerdings das richtige *Timing* entscheidend. Während bei Privatkunden günstige Ankunftstermine für Mailings kurz vor dem Wochenende bzw. vor Feiertagen liegen, da diese dann Zeit haben, ist dies für Geschäfts- bzw. Gewerbekunden genau umgekehrt. Diese haben eigentlich nur in der Woche, insbesondere von Dienstag bis Donnerstag, etwas mehr Zeit für Werbepost; am Freitag ist man schon auf das Wochenende eingestimmt. Ähnliches gilt auch für den Jahresverlauf. Für die Gewerbetreibenden sind die ersten zwei Wochen im Januar sowie die letzten sechs Wochen im Jahr für die Aktion besonders ungünstig und würden zu einer minimalen Resonanz führen. Auch das kritische Sommerloch sowie auch Ostern sind ins Kalkül zu ziehen.

Der für die hier beschriebene Aktion angestrebte *Aussendetermin* Anfang September ist damit für die erste Stichprobe ideal. Der Versorgungsdienstleister kann für diese konkretisierte Direktmarketing-Aktivität nun seine Kapazitäten planen und die weitere Medien-Auswahl festlegen. Detailgenau kann die Kreation sowie dann die Produktion geplant werden. Schließlich ist für eine heutzutage unerlässliche *integrierte Kommunikation* die Information an alle Mitarbeiter ein entscheidender Erfolgsfaktor.

Aufgrund des zunehmenden Kommunikationswettbewerbs sind die Unternehmen aufgefordert, ihre Kommunikations-Instrumente aufeinander abzustimmen, sodass nicht nur Synergien genutzt werden, sondern auch ein *geschlossenes Erscheinungsbild* des Unternehmens entsteht. Daneben sind natürlich auch alle anderen Aktivitäten des Unternehmens, die an die Öffentlichkeit gerichtet werden, zu beachten. Dies gilt insbesondere für die klassische Werbung wie auch für Public-Relation-Maßnahmen.

5.3.2 Strategische Überlegungen

Der Energiedienstleisters ARON muss eine Antwort auf die *Frage* finden:

„Was soll einen Gewerbekunden aus dem Umkreis der Stadtmetropole dazu bewegen, neuer Kunde bei mir zu werden?"

Die *Antwort*, die der potenzielle Kunde findet, sollte lauten:

„Weil der Stromanbieter dieser Metropole einfach mehr ist als reiner Stromanbieter. Er stellt ein Netz voller Energien dar, insbesondere durch die schon vorhandenen energiereichen Netzwerke, wie die Kooperationspartner der Haushaltskundenkarte. Er ist der sympathische Dienstleister in vielen Lebensbereichen. Dieser Energiedienstleister ist der Magnet, mit dem sich andere *Fische angeln* lassen."

Wie lässt sich diese Idee am besten visualisieren? Wie lässt es sich erreichen, dass die Interessenten vielleicht sogar darüber hinaus etwas Greifbares in den Händen halten und damit spielen, um sich dadurch auch mehr mit dem Inhalt des Angebotes zu beschäftigen?

Eine *Angel* verbunden durch eine auffällige gelbe Schnur mit einem kleinen Magneten lässt sich leicht in einem Spielwarengeschäft besorgen und recht simpel auf dem ersten Mailing befestigen. Die einzelnen Teile lassen sich von außen klar ertasten und machen neugierig auf den tatsächlichen Inhalt.

Diese Inhalte werden verpackt in einem *attraktiven Mailing*, das sich in dem formellen Auftritt und der Tonality an den bisherigen Imagekampagnen des Energiedienstleisters orientiert. Durch eine „flotte" und insbesondere emotionale Form sollen die Gewerbekunden motiviert werden, zu diesem Energiedienstleister zu wechseln und damit die Vorteile des speziellen Servicepakets zu nutzen. Trotz der limitierten Auflage von ungefähr 20 000 Stück ist darauf zu achten, dass das Mailing auf keinen Fall „billig" erscheint. Dies entspräche auch in keiner Weise dem bisherigen Auftritt von ARON. Es soll damit auch den potenziellen Neukunden Zuverlässigkeit und Sicherheit suggeriert werden, um eine vertrauensvolle Atmosphäre zu schaffen.

Besonders durch den Umstand, dass das Produkt Strom austauschbar und von geringem Interesse ist, wird ein *emotionaler Auftritt* des Energiedienstleisters unverzichtbar. Eine starke visuelle Gestaltung sollte im Vordergrund stehen. Dadurch dass sich der Energiedienstleister gern in Verbindung mit seiner Stadtmetropole sieht, waren Überlegungen anzustellen, was den typischen Charme beziehungsweise den Charakter dieser Metropole am treffendsten darstellt oder symbolisiert. Es boten sich damit vor allem typische stimmungsvolle Stadtbilder an.

Ferner war aus den bisherigen Imagekampagnen des Energiedienstleisters herauszuarbeiten, wie sich das Unternehmen bisher dargestellt hat. Was unterscheidet ihn von seinen Konkurrenten, was macht ihn besonders sympathisch und vertrauenswürdig? Mit welchen Merkmalen könnten sich die Gewerbekunden gewinnen lassen? *Merkmale*, die sich bei der Analyse herauskristallisiert haben, sind in folgenden Begriffen festgehalten:

- Weltoffen,
- Kultiviert,
- Mit viel Know-how,
- Ständig in Bewegung,
- „Wir kümmern uns".

5.3.3 Dreistufiges Mailing

Der Wunsch des Energiedienstleisters ging zunächst in die Richtung eines *einstufigen* Mailings. Aufgrund seines enormen Erfolges mit einem einstufigen Mailing bei seinen bisherigen Haushaltskunden wie auch aus Budgetgründen hielt man dieses Vorgehen für erfolgsversprechend und damit ausreichend. Dem war aber abzuraten durch folgende große Besonderheiten der geplanten Aktion.

Statt um Altkunden handelt es sich nun um Neukunden, bei denen von einem viel größeren Aufwand sowie verschiedenen Unwägbarkeiten auszugehen ist. Ferner geht es nicht um Privatkunden, sondern um so genannte *Businesskunden*, die einer gesonderten und intensiveren Behandlung bedürfen. Ein Neukunde im Gewerbebereich ist nicht durch ein Anschreiben zu gewinnen, geschweige denn zu einem Wechseln von seinem altbekannten Stromversorger zu überzeugen. Ein Schreiben reicht selten aus, Vertrauen zu fassen und Neues zu wagen, gerade noch in einem Bereich, der sehr unübersichtlich und nicht fassbar ist.

Nach erfolgreichen Direktmarketing-Grundsätzen ist in dieser Situation ein *dreistufiges Mailing* empfehlenswert und wesentlich erfolgversprechender. Gerade in diesem neuen Markt empfiehlt sich ein klassisches Vorgehen.

Das *erste Mailing* soll neugierig auf mehr Informationen machen. Eine Hotline-Telefonnummer wie auch eine eingängige Internetadresse darf als Responsemöglichkeit auf keinen Fall fehlen. Da Strom ein austauschbares Produkt von geringem Interesse ist, ist eine passende emotionale Aufmachung wesentlich für den Erfolg.

In der *zweiten Mailingstufe* wird der USP mit einer überschaubaren Tarifstruktur des Energiedienstleisters vertiefend vorgestellt sowie der Vertrag zugesandt.

Die *dritte Mailingstufe* ist für die bisher Nichtreagierer als Nachfassmailing anzusehen.

5.3.4 USPs des Energiedienstleisters

Für die Argumentation in dem Mailing ist in einer weiteren Analyse nach den besonderen *Vorteilen* des Energiedienstleisters zu forschen. Das Produktversprechen wird nur dann bei dem Leser auf Interesse stoßen, wenn der hervorgehobene Nutzen oder Vorteil einzigartig und unvergleichbar erscheint, das Produkt Strom also einen USP (Unique Selling Proposition = Einzigartigen Verkaufsvorteil) besitzt.

Neben dem Grundnutzen des Angebots ist hier der *Zusatznutzen* hervorzuheben, da sich im Bezug auf den Grundnutzen das Produkt Strom gegenüber der Konkurrenz nicht unterscheidet. Welche Vorteile kann ARON den potenziellen Gewerbekunden bieten, die nicht auch schon die Konkurrenz offerieren? Die Gewerbekunden fühlen sich ihrem bisherigen Stromanbieter meist langjährig verbunden, warum sollten sie wechseln und eventuell unnötige Risiken eingehen? Andererseits hatten die Kunden damals keine Wahl und bekommen möglicherweise bei einem neuen Anbieter zusätzlichen Nutzen geboten.

In dem Mailing sollte daher ein sehr *attraktives Angebot* nicht nur zum Wechsel verführen, sondern auch langfristig überzeugen.

Einen großen Vorteil kann ARON aus seinen bisherigen *Kooperationspartnern* für den Haushaltskundenbereich ziehen. Es besteht dadurch die große Chance, Synergien aus vorhandenen Kooperationen zu ziehen. Es können die vorhandenen Netzwerke, soweit sie auch für die Gewerbekunden von Interesse sind, auch für diese genutzt werden. Denn auch ein Gewerbetreibender benötigt nicht nur ein Auto, eine Versicherung oder eine Reise, sondern er hat eventuell auch Bedarf für besondere Events für seine Kunden. Er hat die Möglichkeit, sportliche sowie kulturelle Ereignisse zu nutzen. Auch sollte ARON planen, neue Kooperationen einzugehen, die ideal geeignet für die Bedürfnisse von Gewerbetreibenden sind, wie zum Beispiel mit besonderen Großmärkten.

Welche Bedürfnisse könnte der Gewerbetreibende haben außer dem Strom, und wie kann der Energiedienstleister diese zusätzlichen Bedürfnisse befriedigen? Zunächst kommt dafür ein *Full-Service-Dienstleistungspaket rund um den Strom* in Betracht. Das beginnt bei übersichtlichen Tarifen, perfektem Service, Erreichbarkeit rund um die Uhr, über Energiespartipps bis hin zu kulanter Beschwerdebehandlung.

Ferner ist ARON prädestiniert als *Kontaktmittler*. Er kann die Plattform für Branchenforen, Informationsveranstaltungen sowie Kontaktbörsen bieten. Das Unternehmen kann also eine perfekte Unterstützung bieten im Business eines jeden, sonst oft einsam kämpfenden, Gewerbetreibenden. Denn nur gemeinsam ist man stark, kann von anderen lernen und eigene wertvolle Netzwerke knüpfen.

Weiter eröffnet der Energieversorger seinen Geschäftskunden die Möglichkeit, sich im Internet zu präsentieren. Über diese großartige Chance würden sicher auch die Gewerbekunden begeistert sein: Ein *Internetforum zur Unternehmenspräsentation*. Dankbar wären die meisten Gewerbekunden auch für eine weitere Unterstützung in diesem Medium. Es fehlt den meisten nicht nur an brauchbarer Marketingerfahrung, sondern auch an hilfreichen Tipps mit dem Einsatz der neuen Medien. Für eine langfristige Kundenbindung ist damit eine Serienbildung sehr aussichtsreich. Mindestens jede Woche gibt es auf den passwortgeschützten Internetseiten für die Gewerbekunden eine neue Folge für Einsteiger in die neuen Medien wie auch für dementsprechende Marketingtipps.

Weitere nützliche Themenbereiche für die Gewerbetreibenden scheinen grenzenlos: Rechtsanwalts- und Steuertipps sowie betriebswirtschaftliches und PC-Know-how. Die wenigsten Gewerbetreibenden haben selber derartige Kenntnisse geschweige denn die finanziellen Mittel für entsprechende Fachkräfte. Sie würden das Angebot begeistert akzeptieren und langfristig zu zufriedenen Kunden heranwachsen.

Die *Gewerbekundenkarte* verdeutlicht zudem nicht nur als Symbol die Verbundenheit. Sie bietet nicht nur die vielen Vorteile durch die Kooperationspartner, sondern auch die immensen Möglichkeiten durch wertvolle Netzwerke. Sie ist ein Ausweis der Zugehörigkeit und nicht nur der Legitimation.

Ob auch bei den Gewerbetreibenden ein Punkte-System wie bei den Haushaltskunden geeignet ist, sollte in einer Testphase geklärt werden. Prämien wie ein Bügeleisen oder ein Toaster sind für einen Gewerbetreibenden eher uninteressant. Verlockend könnten eher ein Wochenendtrip, ein PC-Kurs oder ein Laptop wirken.

5.3.5 Mailing-Kernaussagen

Die vorherigen Analysen und Überlegungen führen damit zu den folgenden *Kernaussagen* in der Kampagne:

Der Energiedienstleister steht für Netzsicherheit, Zuverlässigkeit, transparente Tarife, „bietet mehr als Strom", „der sympathische Dienstleister für viele Lebensbereiche" und mit starker Kundenorientierung. Ein Energiedienstleister, der Synergien bündelt und stark in Netzwerken ist.

5.3.6 Erfolgsfaktoren für die Mailinggestaltung

Die Aufgabe besteht nun darin, eine *Konzeption* zur Gestaltung des Mailings zu finden, die es ermöglicht, dass der Leser das Mailing wahrnimmt und wie gewünscht auf die Botschaft reagiert. Größter Erfolgsfaktor einer Werbekampagne ist dabei die Auswahl und Definition der *Zielgruppe*. Es wird geschätzt, dass mindestens 50 Prozent des

Werbeerfolges durch die Wahl der richtigen Zielgruppe beeinflusst wird. Die Zielgruppe wurde für die vorliegende Aufgabenstellung genau festgelegt.

Der nächste wesentliche Punkt ist die *Gestaltung* des Werbebriefes. Denn der meist eilige Leser beschäftigt sich nur näher mit dem Werbebrief, wenn seine Aufmerksamkeit und sein Interesse geweckt sind. Ansonsten endet der mühsam erstellte Brief achtlos und ungelesen im Papierkorb. Es sind dementsprechend zahlreiche Strategien und Formeln entwickelt worden, um dieses zu verhindern.

Es ist deshalb besondere wichtig, dass durch die Weckung der Neugierde das Interesse des Lesern in der Phase des ersten Überblickes überhaupt erst erregt wird. Der Empfänger sollte nicht nur voller Spannung den Umschlag öffnen wollen, denn es ist dort offensichtlich mehr drin als nur ein Brief (nämlich die *Angel*). Ein undefinierbarer, durch den Umschlag erfühlbarer Gegenstand macht neugierig; jeder bekommt gern etwas geschenkt, sodass der Empfänger schnell nachschaut, um was es sich handelt. Entdeckt er dann die Angel, fragt er sich unwillkürlich, zu welchem Zweck ihm diese gesandt wurde, und er liest weiter. Darüber hinaus werden dem Leser *Vorteile* versprochen, die ihn zum Weiterlesen motivieren. Denn nur, wenn der kritische Leser bei der ersten kurzen Durchsicht glaubhafte und nachvollziehbare Vorteile findet, wird er zum Weiterlesen angeregt.

Ferner wird in dem Mailing mit Mitteln der Dramatisierung gearbeitet. Sowohl durch das Wecken von *Emotionen*, wie zum Beispiel durch stimmungsvolle Stadtbilder, die heimat- und mentalitätsgerecht zugeschnitten sind, wie auch durch die *Ansprache des „Spieltriebs"* wird das Angebot interessanter und attraktiver gestaltet. Üblicherweise wird dieser Spieltrieb durch Gewinnspiele, Lose, Rubbelflächen oder Duftproben angesprochen. Darüber hinaus entstand die Überlegung, den Spieltrieb des neugierigen Lesers im zweiten Mailing dadurch noch aktiver anzuregen, dass dieser die überraschende Möglichkeit erhält, aus einem fast normalen Brief ein farbiges Aquarium mit Sandboden zusammenzubauen. Mit der zuvor gesandten Magnet-Angel kann der Empfänger daraus interessante Fische nach seiner Wahl angeln. Der Leser beschäftigt sich somit sehr intensiv mit einem derartig gut durchdachten Werbebrief.

Selbstverständlich ist die Anwendung der nicht nur im Direktmarketing zitierten *KISS-Methode* („Keep it short and simple"), also die Verwendung kurzer wie prägnanter Sätze und Wörter, um den Text einfach und übersichtlich zu gestalten.

5.4 Bestandteile des Mailings

5.4.1 Das Kuvert

Das Kuvert, also die Versandhülle, hat zunächst die Aufgabe, die einzelnen Bestandteile des Mailings beieinander zu halten und auf dem Transportweg zu schützen. Die Versandhülle stellt also den *ersten Kontakt* zwischen dem Werbemittel und dem Leser her. Zu beachten ist die allgemeine Erkenntnis, dass der erste Eindruck entscheidend ist. Dies gilt insbesondere, wenn es wie in diesem Fall darum geht, überhaupt das Interesse und die Aufmerksamkeit des anvisierten Lesers zu wecken. Die kreative Lösung liegt in einer von außen fühlbaren Angel, die jedoch als solche erst noch identifiziert werden muss und damit zu großer Neugier verführt und den gespannten Leser zum Öffnen des Briefes veranlasst.

Wie auch bei vielen anderen Kuverts ist die *Corporate Identity* des absendenden Energieversorgers zu berücksichtigen. Der Briefumschlag wird mit modernen Firmenfarben und dem Firmenlogo versehen. Die Gestaltung hängt von der Zielgruppe und der Zielsetzung ab. ARON identifiziert sich mit der typischen Mentalität seiner Stadt. Dementsprechend wären eine grelle und auffällige Gestaltung unpassend. Vielmehr ist den zukünftigen Gewerbekunden eine unverwechselbare eigenen Linie zu zeigen.

5.4.2 Das Anschreiben

Das Anschreiben gibt dem Leser sowohl Auskunft über die Absichten des Absenders als auch eine Vorstellung des Angebots. Dabei ist es Aufgabe des Briefes, beim Leser Interesse an dem Angebot zu wecken und ihn zum Weiterlesen zu motivieren. Der Leser soll von seinen *Vorteilen*, nur bei diesem Stromdienstleister elektrische Energie zu beziehen, überzeugt werden. Hierbei hilft eine klare Sprache, in der die Argumentation, warum der Leser seinen Strom nur bei ARON kaufen sollte, logisch folgend aufgebaut wird. Sinnvoll ist die Art der Leserführung in Form eines Dialogs, indem also die erahnten Leserfragen vorweggenommen an geeigneter Stelle beantwortet werden.

Ein wichtiges Element zur Visualisierung des Briefes ist der *Briefkopf*, auf den üblicherweise der erste Blick des Lesers fällt. Ein Foto des Absenders hätte hier keinen hohen Wiedererkennungswert. Abgesehen davon, dass eine Abbildung des Produktes Stroms nicht möglich erscheint, ist ARON darüber hinaus von einer werblichen Aufmachung abzuraten. Es passt nicht zu dem sonstigen Stil, der zwar weltoffen, aber mehr nach Kultiviertheit sprich Zurückhaltung und Seriosität verlangt. In Betracht kam damit allein der altbekannte Firmenbriefkopf mit dem Firmenlogo.

Im Direktmarketing hat die *Headline* über dem Text eines Anschreibens im Wesentlichen die gleiche Funktion wie in der klassischen Werbung. Der Leser soll beim Überblicken des Textes durch die Schlagzeile gestoppt werden; die Headline soll Aufmerksamkeit und Interesse bei ihm hervorrufen und ihn kurz über den Inhalt des Angebots informieren.

Electricitäts-Werke Aktiengesellschaft

XXXX, Musterstraße 00, 0000 Musterort

Firma Muster
Herr Mustermann
Musterstraße 00
0000 Musterort

Die Energie einer Metropole

Sehr geehrter Herr Mustermann,

die XXXX ist der Energiedienstleister der weltoffenen Metropole Musterstadt. Seit über 100 Jahren steht der Name für eine zuverlässige Energieversorgung und kompetente Beratung rund um alle Fragen der Energie. Mit uns gehen Ihre Möglichkeiten weit über den Strom hinaus. Lernen Sie die Energie unserer Erfahrung kennen. Machen Sie sich unsere Verbindungen zu eigen.

- Mit den neuen Gewerbestromtarifen Muster und Muster XL angeln Sie sich sichere Stromversorgung mit den besonderen Servicegarantien XXXX.
- Auch bieten wir Ihnen den Wettbewerbsvorteil, sich und Ihr Unternehmen kostenfrei im Internet-Forum XXXX zu präsentieren.
- Mit der XXXX-Business-Card profitieren Sie von speziellen Preis- und Leistungsvorteilen wie u.a. bei angeschlossenen Versicherern, Großmärkten, Banken, Versicherern und Reiseanbietern. Und je öfter Sie ihre Business-Card einsetzten, desto größer ist Ihr Gewinn.

Nutzen Sie die Netzwerke der XXXX

Denn XXXX liefert viel mehr als Strom – ist der sympathische Dienstleister in vielen Lebensbereichen. Und dies zu guten Konditionen und mit einem einfachen und überschaubaren Preissystem.

Haben wir Sie neugierig gemacht? Dann füllen Sie doch gleich die Faxantwort aus. Oder sprechen Sie uns über die kostenfreie Service-Hotline direkt an: 040-234 92 78.

Mit freundlichen Grüßen
XXXX

Frau Carstens
General Manager

PS: Angeln Sie sich noch heute das neue Infopaket für die Gewerbekunden, denn unter den ersten 2000 Einsendern verlosen wir drei BMW C1.

Abbildung 10: Anschreiben

Das *erste Mailing* besteht aus einem vierseitigen farbigen Flyer. Auf der ersten Seite steht als Blickfang die gelbe Headline „ARON – die Energie einer Metropole." Direkt darunter ebenfalls in gelb „Ziehen Sie sich jetzt jede Menge Vorteile an Land!". Als Blickfang dient nicht nur die gelbe Energiefarbe, sondern insbesondere das dahinterliegende kontrastreiche stimmungsvolle Bild eines Meeres, durch welches man das glitzernde energiereiche Licht einer strahlenden Sonne wahrnimmt. Ein farbiger Fisch in der rechten Ecke unterstützt die emotionale Aufladung. Darauf ist dann die Angel mit Schnur und dem Magneten befestigt.

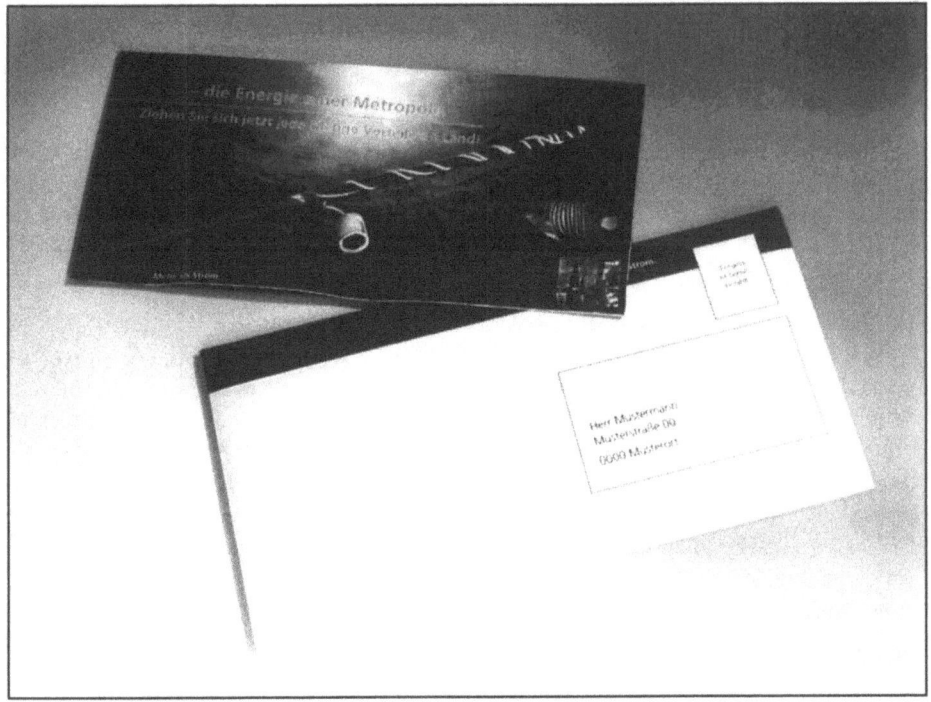

Abbildung 11: Erstes Mailing „Die Angel"

Mit Hilfe dieses kleinen Flyers einschließlich der Angel mit Magnet wird der Gewerbekunde mit einigen Informationen neugierig darauf gemacht, was er mit dem Magneten fischen kann. Und er wird besonders darauf aufmerksam gemacht, dass ARON mehr als Strom bietet. Insbesondere wird er darauf hingewiesen, dass er als Kunde die Netzwerke von ARON zu seinem großen Vorteil nutzen kann. Nicht nur, dass er dadurch seine Kontaktchancen vergrößert, sondern er kann von speziellen Preis- und Leistungsvorteilen profitieren. Auch die Möglichkeit der kostenfreien Präsentation im Internet wird kurz angesprochen. Zudem wird auf die Gewinn-Aktion bezüglich der neuen BMW C1 hingewiesen. Alles wird nur kurz angerissen, sodass der Leser neugierig und erwartungsfroh auf ein Folgeschreiben hofft, um Näheres zu erfahren. Denn Vorteile geschweige denn begehrte Geschenke lässt sich keiner gerne entgehen.

Die Neugierde sowie die meisten offenen Fragen des gespannten Lesers werden im *zweiten Mailing* aufgelöst; es gibt weitere Informationen.

Der Teaser-Titel „Die Netzwerke für neue Energien" führt den Empfänger durch eine Broschüre, die mit jedem Schritt noch mehr Format erhält und umfangreiche Informationen liefert über alles, was ARON noch zu bieten hat und vor allem, wie der Leser es für sich nutzen kann. Dazu liegt ein Begleitbrief mit *persönlicher Ansprache und Faxantwort* bei.

Um den persönlichen Charakter des Anschreibens zu unterstützen und damit auch der Aufmerksamkeit des Lesers sicher zu sein, ist in dem Brief die *namentliche Anrede* des somit geschmeichelten Lesers unentbehrlich. Wesentlich ist dabei auch die korrekte Schreibweise seines Namens. Denn wen stimmt es nicht ungehalten und damit weniger offen für Neues, wenn der eigene Name falsch geschrieben ist? Bei der *Personalisierung* des Briefes besteht jedoch die Schwierigkeit, das rechte Maß zu finden. Denn wenn die persönliche Ansprache zu anbiedernd und überspitzt wirkt, empfindet der Leser den Brief als zu aufdringlich und lehnt damit das ganze Werbemittel ab. Wie es sich bisher am günstigsten erwiesen hat, wird der Name einmal in der Adresse und ein weiteres Mal in der Anrede erwähnt.

Die *Faxantwort* ist die gängige Antwortmöglichkeit im Business-to-Business-Bereich, schnell und wenig aufwändig im normalen Geschäftsablauf.

Damit die Werbung wiedererkennbar ist, werden zur Bestimmung des *Werbestils* bestimmte, festgelegte Gestaltungskriterien festgelegt. Es geht dabei um folgende Aspekte:

- emotional oder rational gestaltete Werbung,
- Verhältnis zwischen Text und Bild,
- Ansprache der Zielperson,
- humorvoll, Prestige vermittelnd, Vertrauen erzeugend, provozierend, etc..

Es geht also um die Festlegung der *Werbestrategie*, der kreativen Idee, durch die der Zielgruppe der Gewerbekunden die zentrale Werbebotschaft (Copy-Strategie) übermittelt wird. Dabei kommt es auf die optimale Übermittlung des einzigartigen Verkaufsvorteils an. Aufgrund der Besonderheit des Produkts Strom mit seiner Nichtanfassbarkeit, hohen Austauschbarkeit und dadurch sehr geringem Interesse auf Seiten des Verbrauchers, kann die Kreation nur über eine *emotionale Gestaltung* laufen. Rationale Gestaltung würde den Leser noch mehr abschrecken, sich mit dem Thema Strom auseinander zu setzen.

Diese grundlegende Entscheidung führt zu dem besonderen *Verhältnis zwischen Bild und Text*. Um Emotionen zu wecken, steht das Bild im Vordergrund. Dahinter steht auch die Erkenntnis, dass 75 Prozent unserer Entscheidungen durch Emotionen getroffen werden und nur 25 Prozent rational. Zudem nehmen 90 Prozent der flüchtigen Leser lediglich die Headline und Bilder auf. Um ein Bild von mittlerer Komplexität aufzunehmen, benötigt der Leser ca. 1,5 bis 2,5 Sekunden. In der gleichen Zeit nimmt man allerdings lediglich sieben bis zehn Wörter auf, die aber grundsätzlich wesentlich weniger Informationen über einen bestimmten Sachverhalt vermitteln. Ein Bild sagt bekanntlich mehr als tausend Worte. Bilder werden vom Gehirn anders verarbeitet als reine Textinformationen, sie werden automatisch mit geringerer gedanklicher Anstrengung verarbeitet. Und gegenüber sprachlichen Informationen haben Bilder einen viel größeren Erlebnis- und Unterhaltungswert. *Bilder* wirken glaubwürdiger, aktivieren stärker und können viele positive Assoziationen wecken. Und je mehr Sinne angesprochen werden, desto höher ist der Erinnerungs- und Wiedererkennungswert. Werbung muss daher Emotionen auslösen, wenn sie wirken soll. Textwüsten wirken eher abschreckend. Auch lässt der Bedarf nach reinen Informationen aufgrund gesättigter Märkte nach und damit auch der Bedarf nach informativer Werbung.

Die Ansprache des Lesers erfolgt stilgemäß eher höflich, aber auf keinen Fall anbiedernd oder „duckmäuserisch". ARON ist sich seiner Klasse bewusst und sollte dies auch dezent herausstellen. Auch hier führt *Understatement* eher zum Erfolg, wirkt glaubwürdiger und schafft das nötige Vertrauen.

Dieses gleiche „Schnittmuster" wird für alle drei Mailing-Aktionen angewandt, um den Wiedererkennungswert zu steigern. Die Bekanntheit von ARON wächst, wie auch das entgegengebrachte Vertrauen.

Es gibt folgende Arten von *Emotionen*:

- *Gefühle* wie zum Beispiel Freude, Ekel, Zuneigung, Hass,
- *Affekte* wie zum Beispiel Schreck, Wut, Panik,
- *Stimmungen* wie zum Beispiel Fröhlichkeit, Traurigkeit etc..

Genutzt wurden hier die *positiven Emotionen* Freude wie auch Fröhlichkeit. Zu beachten ist, dass jedes Verhalten sowie jeder Denkprozess von Emotionen unterschiedlicher Art, Stärke und Dauer begleitet ist. Man sollte sich in der Werbung vor negativen Emotionen hüten, beziehungsweise diese nur mit Vorsicht dosieren. Sie führen oft zu einem sehr negativen Beigeschmack.

Die hier gewählten Bilder vermitteln durch die Elemente wie die strahlende Sonne, klares blaues Wasser sowie bunte muntere Fische, eine fröhliche, beruhigende Stimmung, die den Leser eher an den ersehnten Urlaub erinnern. Nicht Ausgelassenheit wird vermittelt, was weder dem Stil von ARON noch dem Vertrauenszuwachs der Leserschaft dienlich wäre, sondern eher die stille vertrauenerweckende Freude. Die Bilder wirken sehr *sympathisch*, wodurch auch das nicht greifbare Produkt Strom vertrauter wird. Denn wer sehnt sich nicht nach einer derart schönen Umgebung? Der Erlebnis- wie auch Genusshunger des heutigen Konsumenten wird stimmungsvoll angeregt.

Im Hinblick auf die vielfältigen Gestaltungsmöglichkeiten bezüglich der *Typografie* wurde bei allen Mailings der Schwerpunkt auf die gute Lesbarkeit gelegt. Die Schrift soll nicht zieren, sondern kommunizieren. Großbuchstaben sowie Kursivschrift wurden nicht verwendet, da diese den Lesefluss ins Stocken bringen. Stattdessen wurden Buchstaben mit Serifen benutzt. *Buchstaben mit Serifen* erhöhen die Lesbarkeit, da die Serifen eine bessere Zeilenführung erzeugen. Außerdem werden diese Schriften von den meisten Tageszeitungen verwandt. Schriften mit Serifen wirken damit seriöser und erwecken eher den Eindruck von Wissenstransfer.

Diese Serifen-Schrift passt damit sowohl zum traditionsreichen Unternehmen ARON als auch zu dem besonderen Produkt Strom. Denn Sicherheit und Zuverlässigkeit erwartet jeder Leser von einem Energiedienstleister.

Handschriftliche Anmerkungen können unter Umständen im Privatkundenbereich für Aufmerksamkeit sorgen, im Businessbereich jedoch nur zu Missfallen führen. War man als Kunde nicht wichtig genug für einen korrekt geschriebenen Brief?

Wesentlich für eine gute Lesbarkeit sind zudem *Absätze*. Lange Textblöcke führen zum Desinteresse am Weiterlesen. Keiner hat heutzutage mehr die Zeit sowie auch die Lust, sich langwierig mit einem Mailing auseinander zu setzen. *Unterstreichungen und fettgedruckte Wörter* sind sehr hilfreich und werden gezielt eingesetzt, um den Blick des Lesers beim ersten Überblick über den Text zu führen. Damit der Leser die wesentlichen Hinweise im Anschreiben wahrnimmt, kann so der Blickverlauf gezielt beeinflusst werden.

Bei den sprachlichen Faktoren spielt die *Verständlichkeit* der Aussage die wesentliche Rolle. Sie ist überhaupt Voraussetzung dafür, dass die Werbemaßnahme ihr Ziel erreicht. Für eine wirksame Kommunikation ist es deshalb erforderlich, die Sprache von ARON auf die Sprache der Gewerbetreibenden abzustimmen, die allerdings bei den unterschiedlichen Branchen der Gewerbetreibenden recht vielfältig ist. Bei den drei Mailings wird auf die Verständlichkeit des Textes bei der Wort- beziehungsweise Satzlänge geachtet und auf Fremdwörter verzichtet.

Der Einsatz von *Bildern* ist in diesem besonderen Fall der wesentliche Faktor. Sie dienen nicht nur als auffälliger Blickfang, sondern verschaffen diesem speziellen Produkt ein emotionales Erlebnis.

Auf der als Gewinn ausgelobten BMW C1 sitzt ein dynamisch wirkender jüngerer Mann mit Sonnenbrille. Also ein Typ, mit dem sich der eine oder andere Gewerbetreibende identifizieren kann. Durch den Einsatz von Bildern mit Menschen wird damit eine persönliche Beziehung aufgebaut.

Die Bilder sind *farbig* gedruckt, da der Einsatz von Farbe für die Werbung zu vielen Vorteilen führt. Farbe erzeugt mehr Aufmerksamkeit, wirkt realistischer und schafft es, bestimmte Atmosphären herzustellen, was mit Schwarz-Weiß-Werbemitteln nicht so leicht der Fall ist. Zudem hat Farbe eine erhöhte Erlebnisqualität. Dass die übliche *Hausfarbe* für die Schrift verwendet wird, ist selbstverständlich. Sie dient als Identifizierungshilfe und damit dem schnellen Wiedererkennen. Generell folgt ARON auch der Tendenz, dass dunkle Schriftfarben auf hellem Grund besser lesbar sind als ein heller Druck auf dunklem Hintergrund.

Der *Platzierung von Text- und Bild-Elementen* ist ebenfalls besondere Beachtung zu widmen. Zuverlässige Erkenntnisse im Bereich der Print-Medien liefern Blickverlauf-Tests mit der Augenkamera. Tendenziell kam man zu folgenden Erkenntnissen: Texte unterhalb von Bild-Elementen werden häufiger fixiert als Texte oberhalb von Bild-Elementen. Und Texte rechts von Bild-Elementen werden häufiger fixiert als Texte links von Bild-Elementen. Es wurde versucht, die Werbemittel im Wesentlichen nach diesen Erkenntnissen zu gestalten.

Das Anschreiben ist unterschrieben, was durch die Verwendung von blauer Farbe hervorgehoben wird. Die *Unterschrift* ist ein wesentlicher visueller Bestandteil des Werbebriefs, auf den der Leser schon beim ersten Überfliegen des Briefes achtet. Der Leser sucht nach einer Bezugsperson und findet diese dann in Form der Unterschrift. Die Unterschrift sollte an den linken Rand des Briefes gesetzt werden. Dadurch wird es dem Leser ermöglicht, wieder an den Beginn des Briefes zurückzukehren. So liest er jetzt die Verkaufsargumente, die er beim ersten Überfliegen des Briefes nicht registriert hat. Unterschriften sind jedoch meist schwer leserlich, sodass der Name darunter noch einmal in Druckbuchstaben wiederholt wird.

Da das *Postskriptum* für etwa 90 Prozent der Empfänger den ersten vollständig gelesenen Textteil darstellt, ist bezüglich des Inhalts mit besonderer Sorgfalt vorzugehen. Das Postskriptum stellt den Übergang zwischen dem ersten Überfliegen über das Anschreiben und dem nachfolgenden ausführlichen Lesevorgang her. Im Postskriptum wird entweder das Angebot mit seinen Vorteilen noch einmal in Kurzform beschrieben, oder es wird auf einen Zusatzanreiz aufmerksam gemacht.

Effektiver schien hier der Zusatzanreiz durch das *Gewinnspiel*. Die Verlockung wird zunächst durch eine abgebildete farbige BMW C1 in Fahrt erhöht, sodass der Leser noch mehr Lust auf eine Fahrt mit diesem Fahrzeug bekommt. Obendrein wird ein schneller Handlungsdruck durch den Hinweis erzeugt, dass nur unter den ersten 2 000 Einsendern drei BMW C1 verlost werden. Langes Zaudern führt also nur zum Verlust eines ersehnten Gewinns. Dieser Anreiz führt so zu einer intensiveren Beschäftigung mit dem Werbemittel. Der Leser fühlt sich gedrängt, sich sofort zu entscheiden und sofort auf das attraktive Angebot zu reagieren.

Insgesamt wird dem Leser in dem Anschreiben der nötige „rote Faden" ersichtlich. Der Text ist logisch und verständlich aufgebaut sowie optisch und inhaltlich klar gegliedert. Die *Textlänge* des Anschreibens ist auf eine übersichtliche knappe Seite bewusst reduziert worden. Einerseits sollten alle wichtigen Argumente genannt werden, andererseits ist es schwierig, das Leserinteresse über einen zu langen Text zu fesseln. Das Leseinteresse wird zudem durch einen gut geschriebenen Text unterstützt.

Aus dem zweiten Mailing lässt sich dann für den Leser völlig unerwartet ein „Meer" mit Sandstrand bauen, aus dem sich „die Vorteile" fischen lassen. Diese ungewöhnliche *Neuartigkeit* gehört zu den wichtigsten Reizmustern zur Beeinflussung von *Aufmerksamkeitsprozessen*. Neuartige Reize haben noch keine Gelegenheit gehabt, an Wirkung zu verlieren.

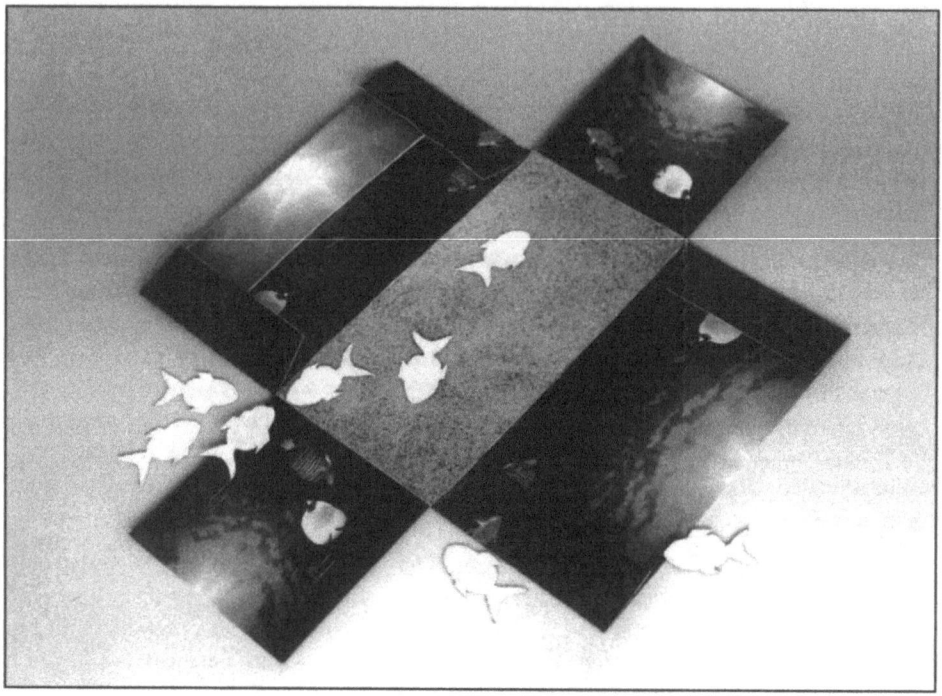

Abbildung 12: Aquarium

Das Motiv des zusammenzubauenden Aquariums ist dem Leser schon durch das erste Mailing vertraut. Aber nun tummeln sich etliche farbenfrohe Fische in dem klaren Wasser, das von der Sonne bestrahlt wird. Weitere farbige Fische kann der Leser aus einem vorgestanzten Papierbogen drücken. Auf der Rückseite der Fische findet sich jeweils der Name eines *Kooperationspartners* des Netzwerkspezialisten ARON.

Klammern, auf denen sich jeweils das Logo von ARON befindet, können an den Fischen befestigt werden, um so die Fische mit der zuvor gesandten Angel mit Magnet zu angeln. Durch die Klammern erhält der Leser noch einen praktischen Zusatznutzen für sein Büro und ARON bleibt durch das *Logo* auf den Klammern in Erinnerung. Selbstverständlich ist das Logo dezent sowie sehr ansprechend zu gestalten, da sonst die Klammern nicht benutzt werden. Der Kunde erhält somit eine Vielzahl von Informationen und kann sich damit in spielerischer Form beschäftigen. Als Anreiz dient neben der Argumentation des Mehrwert-Nutzens insbesondere auch die Verlosung eines attraktiven *Preises*, und zwar die BMW C 1 als flottes Zweiradauto. Der verloste Preis nimmt damit Bezug auf eine Problematik der Zielgruppe, die Parkplatzprobleme.

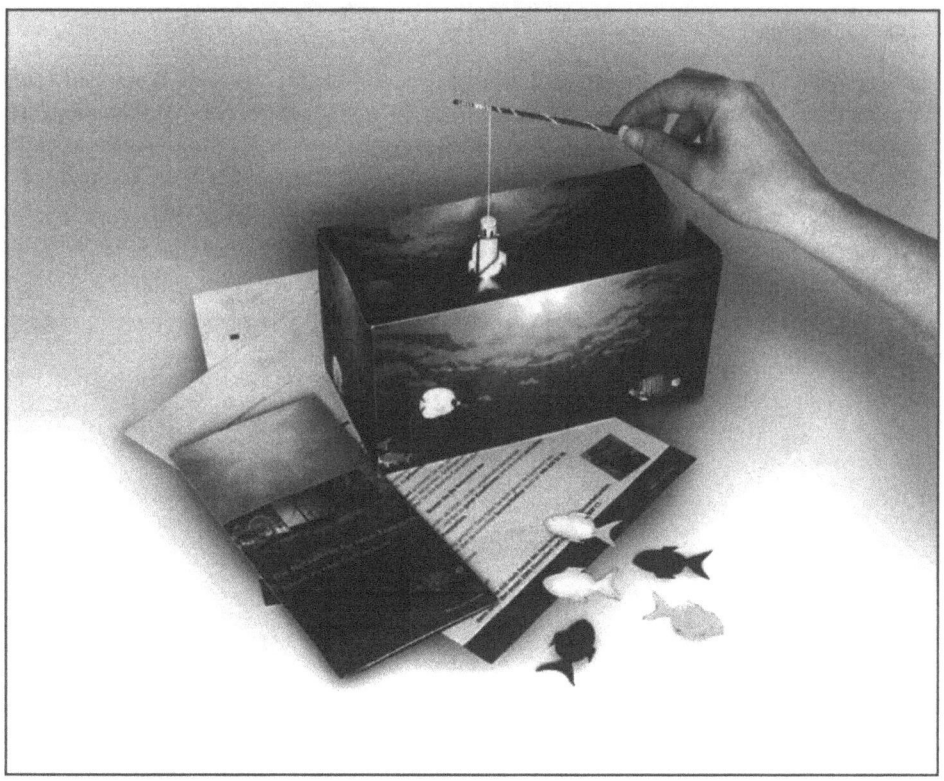

Abbildung 13: „Fische angeln"

Für die Rücksendung wird ein Zeitlimit von drei Wochen vorgegeben, um eine schnelle Reaktion für den Leser interessant zu machen. Auch hier steht bei der Gestaltung des personalisierten Briefes die Beibehaltung eines hohen Niveaus und des typischen Stils der Metropole im Vordergrund.

Die *Kernaussage* der Kampagne „Die Netzwerke für neue Energien" symbolisiert in Verbindung mit emotionalen typischen Stadtbildern und Kooperationspartnern sowie kurzen Vorteilsargumenten die Philosophie von ARON:

- „Wir kümmern uns",
- „ständig in Bewegung" und
- „Dienstleister in vielen Lebensbereichen".

Die emotionalen Bilder in unverwechselbarem Stil bringen die Botschaft präzise und klar auf den Punkt. Genauso klar, leicht verständlich und übersichtlich sollten sämtliche Werbemittel der Direktmarketing-Maßnahme sein. Sie vermitteln den Geist von ARON und machen Lust auf mehr Informationen, machen Lust, die Vorteile des Servicepakets selbst zu nutzen.

Für die gute Merkfähigkeit hat sich die ungerade Anzahl von ein, drei oder fünf Argumenten besonders bewährt. Deshalb sind für den Leser in dem Anschreiben als *Vorteile* oder *Nutzen* drei der zugkräftigsten Argumente ausgewählt worden. Es werden nicht alle Argumente sofort genutzt, denn es sollten noch einige für Folgeaktionen zur Verfügung stehen. Ein Wechsel der Argumente kann zudem spannender sein, sodass sich ein Sammeln von Vorteilen anbietet, wie auch ein Ideenspeicher an dazugehörigen Bildern.

Dem zweiten Mailing wird zudem ein einfach auszufüllender *Vertrag* beigelegt, sodass der Leser sofort reagieren kann.

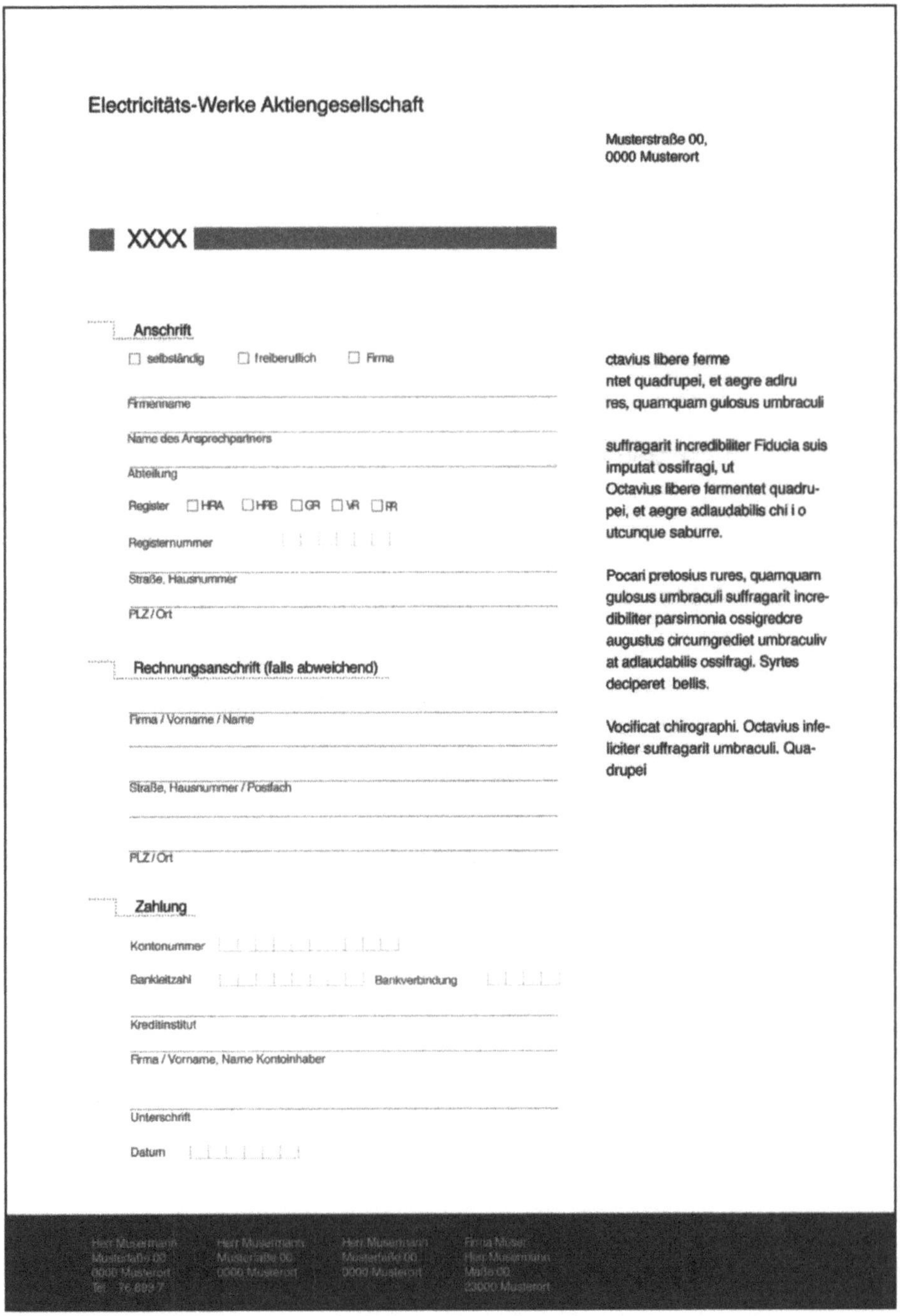

Electricitäts-Werke Aktiengesellschaft

Musterstraße 00,
0000 Musterort

XXXX

Anschrift

☐ selbständig ☐ freiberuflich ☐ Firma

Firmenname

Name des Ansprechpartners

Abteilung

Register ☐ HRA ☐ HRB ☐ GR ☐ VR ☐ PR

Registernummer

Straße, Hausnummer

PLZ / Ort

Rechnungsanschrift (falls abweichend)

Firma / Vorname / Name

Straße, Hausnummer / Postfach

PLZ / Ort

Zahlung

Kontonummer

Bankleitzahl Bankverbindung

Kreditinstitut

Firma / Vorname, Name Kontoinhaber

Unterschrift

Datum

ctavius libere ferme ntet quadrupei, et aegre adlru res, quamquam gulosus umbraculi

suffragarit incredibiliter Fiducia suis imputat ossifragi, ut Octavius libere fermentet quadrupei, et aegre adlaudabilis chi i o utcunque saburre.

Pocari pretosius rures, quamquam gulosus umbraculi suffragarit incredibiliter parsimonia ossigredcre augustus circumgrediet umbraculiv at adlaudabilis ossifragi. Syrtes deciperet bellis.

Vocificat chirographi. Octavius infeliciter suffragarit umbraculi. Quadrupei

Herr Mustermann Musterstraße 00 0000 Musterort Tel. 76 899 7

Herr Mustermann Musterstraße 00 0000 Musterort

Herr Mustermann Musterstraße 00 0000 Musterort

Firma Muster Herr Mustermann Maße 00 23000 Musterort

Abbildung 14 : Vertrag

5.4.3 Der Prospekt

Beim Prospekt eines Mailings sind die unterschiedlichsten Formen möglich. Die Palette reicht von einem einfachen, einseitigen und kleinformatigen Prospekt (Stuffer) und dem Angebotsflyer über eine Broschüre bis hin zu einem umfangreichen Katalog. Als sinnvollste Möglichkeit kam hier die Broschüre in Betracht.

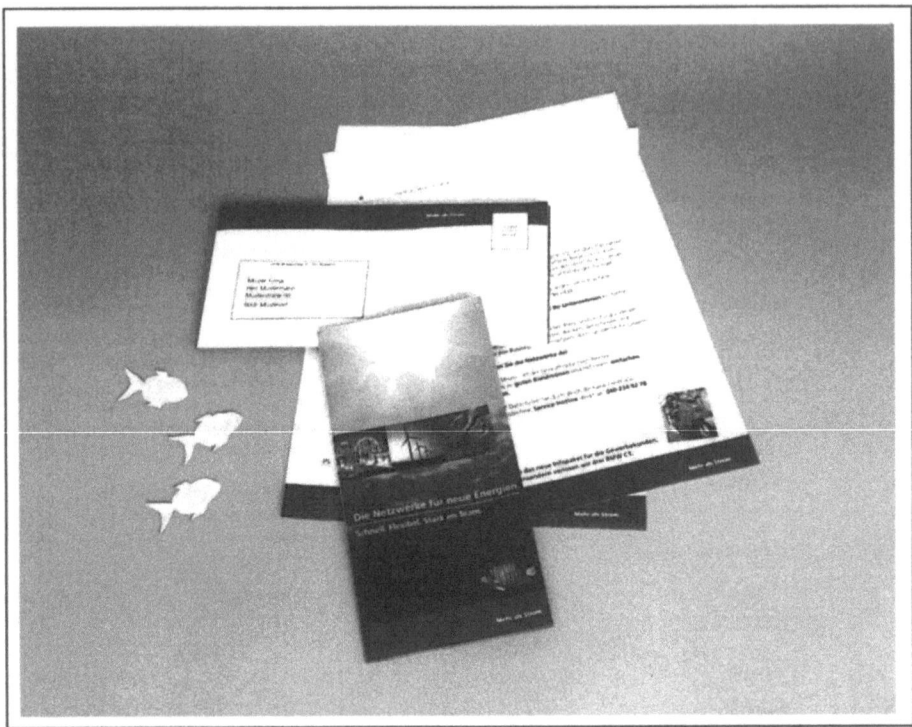

Abbildung 15: Prospekt

Der Prospekt dient der genaueren *Angebotsbeschreibung*. Nachdem durch das Anschreiben eine Art Verkaufsgespräch geführt und der erste Kontakt hergestellt wurde, soll der Leser nun durch die Broschüre mit dem Angebot näher vertraut gemacht werden.

An die besondere Auswahl der Bildmotive werden bei dem Produkt Strom, das sich nicht anfassen oder ausprobieren lässt, hohe Anforderungen gestellt. Die Qualität der Abbildungen soll sehr hochwertig sein. Dass ein Falz nicht an störender Stelle durch ein Bild gehen sollte, versteht sich von selbst.

Gerade wegen des ansonsten unübersichtlichen Tarifdschungels auf dem Strommarkt wird in der Broschüre höchster Wert auf eine klare und übersichtliche Darstellung der

Tarifstruktur gelegt, um zusätzliches *Vertrauen* zu schaffen. Unterstützt wird dies durch eine einfache Beispielrechnung für den Konsumenten. Der Prospekt ist qualitativ hochwertig gestaltet, es wird eine entsprechend fühlbare *Papierqualität* verwendet, um eine Markenqualität zu signalisieren. Zu bedenken ist auch, dass dünnes Papier Mängel im Druck verursachen kann.

5.4.4 Das Reaktionsmittel

Die Gestaltung der Faxantwort sollte so gestaltet sein, dass der Empfänger möglichst wenig Hindernisse beim Ausfüllen empfindet. Auch hier gilt das Prinzip der *Einfachheit.*

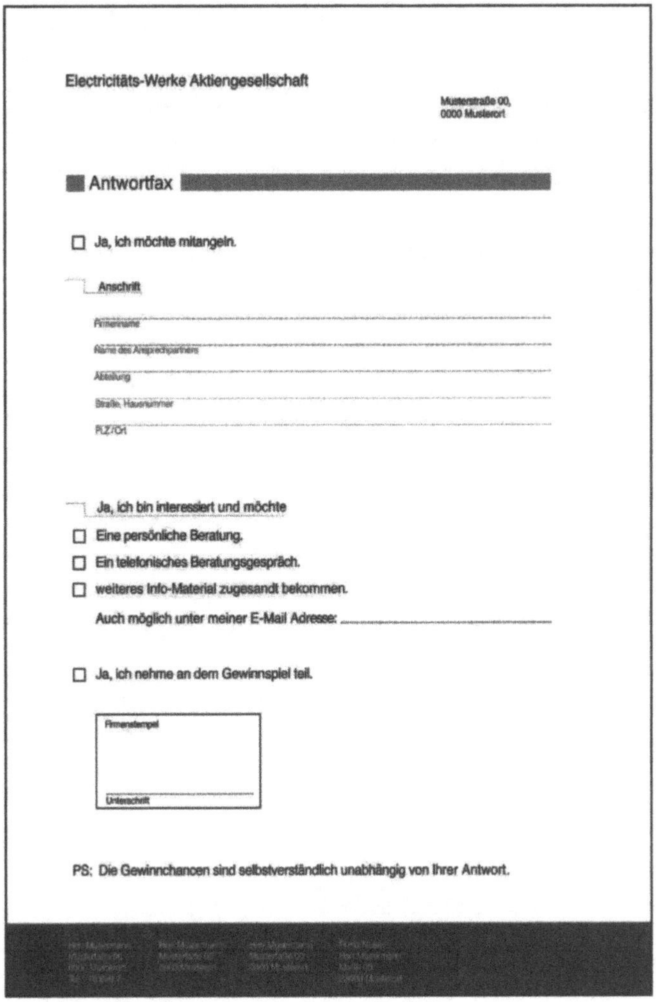

Electricitäts-Werke Aktiengesellschaft

Musterstraße 00,
0000 Musterort

Antwortfax

☐ Ja, ich möchte mitangeln.

Anschrift

Firmenname

Name des Ansprechpartners

Abteilung

Straße, Hausnummer

PLZ/Ort

Ja, ich bin interessiert und möchte

☐ Eine persönliche Beratung.

☐ Ein telefonisches Beratungsgespräch.

☐ weiteres Info-Material zugesandt bekommen.

Auch möglich unter meiner E-Mail Adresse: ______

☐ Ja, ich nehme an dem Gewinnspiel teil.

Firmenstempel

Unterschrift

PS: Die Gewinnchancen sind selbstverständlich unabhängig von Ihrer Antwort.

Abbildung 16: Die Faxantwort

Dieses Reaktionsmittel ist als Abschluss des „Verkaufsgesprächs" zu sehen. Damit stellt es die letzte Hürde dar, die noch zu nehmen ist, um das Ziel, nämlich die positive Reaktion des Lesers, zu erreichen. Die *Faxantwort* ist deshalb so klar und übersichtlich gestaltet, damit der Leser vor nicht zu viele vielleicht unlösbare Entscheidungen gestellt wird. Die Anzahl der Alternativen ist so zu begrenzen, dass es zu einer Entscheidung kommt. Darüber hinaus ist zu beachten, dass das Reaktionsmittel so weit wie möglich ausgefüllt ist, damit der Leser im Idealfall nur noch ankreuzen muss.

Die Kundenadresse ist deshalb bereits bei der Personalisierung des Briefes aufgedruckt worden.

Es sollte auch Rücksicht auf die *technischen Eigenheiten eines Faxgerätes* genommen werden. Das bedeutet, keine Bilder und nur große Schriften zu verwenden. Will man als Reaktion Daten des Lesers erhalten, sollte dem Leser großzügig Platz zum Ausfüllen gegeben werden, damit nach Erhalt des Faxes die Daten noch lesbar bleiben.

Ferner wird darauf geachtet, dass auf der Rückseite des Antwortfaxes die Faxnummer von ARON aufgedruckt ist. Durch diesen Zusatz erhöht sich die Rücklaufquote deutlich, da so beim Eintippen der Nummer am Faxgerät die Bequemlichkeit der Leser gefördert wird.

Selbstverständlich ist zudem auf jedem Werbemittel mindestens eine auffällige *Service-Hotline-Telefonnummer* aufgedruckt, bei der der interessierte Kunde rund um die Uhr kompetent Informationen erfragen kann. Es kommt jeweils nach einer Aussendung eines Mailings zu einem erhöhten Anrufaufkommen, auf eine rechtzeitige Planung von ausreichender Kapazität ist deshalb zu achten, denn Warteschleifen schrecken Kunden schnell ab. Wertvolles Potenzial würde dann trotz des hohen Aufwandes verloren gehen. Das Unternehmen sollte nur gut geschultes Telefonmarketing-Personal einsetzen, einen erfolgversprechenden Telefonleitfaden konzipieren und daran denken, das ganze Haus intern über die Aktion zu informieren, damit die eingehenden Telefonate auch wirklich an die zuständigen Personen verbunden werden.

Darüber hinaus wird das Rückfax so codiert, dass eine einfache *Erfolgskontrolle* ermöglicht wird. Ein Plan für das Erfassen der Rückläufer in der Database sollte zwingend vorliegen.

Außerdem wird eine Internetadresse für die Reaktionen angegeben.

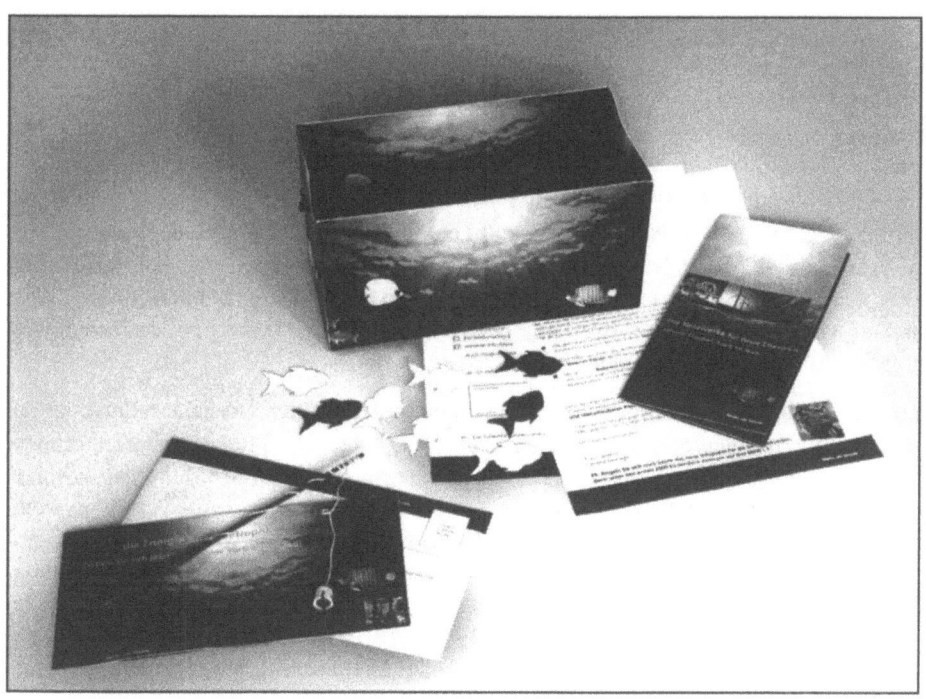

Abbildung 17: Gesamtkreation

5.5 Das dritte Mailing

Mit dem dritten Mailing werden nach einer selektiven Auswahl nochmals alle „*Nicht-Reagierer*" angesprochen. Der Auftritt wird neu gestaltet, wobei jedoch einzelne vorherige wesentliche typische Elemente wieder aufgegriffen werden, um eine Wiedererkennung zu gewährleisten. Hinzu kommt ein neues persönliches Anschreiben. Ein weiterer ansprechender Flyer mit noch mehr Zusatzinformationen und einige zusätzliche „Fische" runden das Mailing der Stufe drei ab.

6. Flankierende Medien

6.1 Außenwerbung

Zur Außenwerbung werden alle werblichen Aktivitäten außerhalb von geschlossenen Räumen gezählt. Neben Plakaten rechnen dazu zum Beispiel die Bandenwerbung auf Sportplätzen und die Verkehrsmittelwerbung. Außenwerbung zählt man dann zum Direktmarketing, wenn wie in dem beschriebenen Beispiel der Betrachter durch die Angabe von beispielsweise der Telefon-Hotline-Nummer oder der Internetadresse aufgefordert wird, in Kontakt mit dem Absender zu treten.

In dieser Kampagne werden regionale *Plakate* eingesetzt, die an Bushaltestellen oder an Verkehrsmitteln angebracht sind. ARON kann damit nicht nur völlig andere Zielgruppen erreichen, sondern sich bei der anvisierten Zielgruppe zusätzlich in Erinnerung bringen und damit bekannter und auch vertrauter wirken. Die *Streuverluste* im Verhältnis zum adressierten Mailing oder per E-Mail sind enorm, aber das Unternehmen bleibt so im Gespräch. Da die Außenwerbung vom Betrachter im Allgemeinen nur sehr flüchtig wahrgenommen wird, kommt als Responseelement nur eine einfach zu merkende Telefonnummer in Betracht. Das Plakat wird so gestaltet, dass der Inhalt der Botschaft in kürzester Zeit erfasst und die Botschaft aus großer Entfernung wahrgenommen werden kann. Für die *schnelle Kommunikation* darf das Plakat daher nicht überladen sein, und das Bild sollte alles auf einen Blick ausdrücken. Wie bei jeder anderen guten Werbung auch, sollte das Bild den Nutzen für den Kunden übermitteln. Auch hier sorgen *emotionale Bilder* für die Aufmerksamkeit beim Betrachter.

Die Plakate werden „plakativ" gestaltet, das bedeutet:

- Aufmerksamkeit wecken,
- die Botschaft einhämmern,
- behaupten,
- schnelle Kommunikation,
- Prägnanz der Aussage,
- ganzheitliche Aussage und
- Überflüssiges vermeiden.

Die Vorteile des Plakats liegen je nach der Streudichte in *hohen Reichweiten* wie auch in *hohen Kontakthäufigkeiten*. Plakate wirken 24 Stunden am Tag und können eine Zielperson mehrmals täglich erreichen.

Für den *kurzen Text* sollte ein gut lesbare Schrift verwendet werden. Leuchtfarben sind aufgrund störender Lichtreflexe vom Straßenrand nachts im Scheinwerferlicht nicht erlaubt. Selbstverständlich sollte sein, dass nur licht- und wetterbeständige Farben benutzt werden.

Bei der *Papierauswahl* ist darauf zu achten, dass nach dem Aufkleben das überklebte Plakat nicht durchscheint sowie holzfreies Plakatpapier mit einem Bogengewicht von zumindest 100 g/m² verwendet wird.

Ideal für den Anschlag ist eine *Ganzstelle*, also eine Tafel oder Litfasssäule, die von einem einzigen Werbungstreibenden gemietet ist, dies wirkt sich natürlich auf den Preis der Schaltung aus.

Die dreistufige Mailing-Aktion erhält durch die zusätzliche Außenwerbung eine wesentlich höhere Erinnerungswirkung.

6.2 Der Radiospot

Der Radiospot dient hier als Zusatzmedium. Der Hörfunk ermöglicht es, schnell *große Reichweiten* zu erzielen, wie es bei dieser Einführungswerbung sinnvoll ist. Der Spot sollte dann häufig geschaltet werden. Zumindest 24 Spots je Monat erscheinen hier während einer Kampagne mit dem Hörfunk als Zusatzmedium notwendig.

Es ist daher genau zu prüfen, wie weit sich durch die genaue Abstimmung der einzelnen Medien im *Media-Mix* Synergiewirkungen erzielen lassen. Das Radiohören erfolgt im Allgemeinen neben anderen Tätigkeiten, und Radiospots werden in Blöcken gemeinsam mit anderen Spots gesendet. Dies bedeutet, dass die Konkurrenz um die Aufmerksamkeit der Hörer groß ist. Nur der Radiospot, der im richtigen Programm, zur richtigen Zeit platziert und optimal gestaltet ist, hat Chancen, überhaupt beachtet zu werden.

Aufmerksamkeit wecken kann man zum Beispiel durch eine Erkennungsmelodie, ein Geräusch als Teaser, eine markante Stimme, den Einsatz von zwei oder mehreren Sprechern oder Sprecherinnen, Dialoge, Wortbilder, besonderen Sprachrhythmus etc.

Das Unternehmen sollte *professionelle Sprecher* einsetzen, da sie schon allein durch ihre geschulte Stimme die Werbebotschaft aus dem Durchschnitt des Gesprochenen hervor heben. Bevorzugt man zusätzlich Musik, Geräusche oder sogar die Kreation einer Kennmelodie, so kommt man nicht an einem Tonstudio vorbei. Bei der Spotproduktion sind technische Normen wie auch Qualitätsstandards der Rundfunkanstalten zu beachten. Dort bekommt man auch die notwendigen Mediendaten darüber, zu welcher Sendezeit bestimmte Zielgruppen am besten zu erreichen sind, sowie die Tarife. Die Werbezeiten sind im Hörfunk begrenzt, sodass eine rechtzeitige Buchung erforderlich ist.

Ein Radiospot wirkt dort stark, wo es um *rasche Information* geht. Er ist kurz, und der Text sollte prägnant und bildhaft sein. Ein Spot ist dann gut, wenn er Vorstellungsbilder beim Hörer hervorruft. Wesentlich ist auch hier, dass der Kundennutzen deutlich zum Ausdruck kommt.

Für den Energiedienstleister sind Mailings, Broschüren und Anzeigen die „ersten" Medien. Der Radiospot dient als *ergänzendes Zusatzmedium*, das kostengünstig für rasche und weite Verbreitung der Information sorgt.

6.3 Anzeigen in Innungszeitungen

In Innungszeitungen können die Gewerbetreibenden branchenspezifisch auf die Vorteile bei einem Strombezug von ARON hingewiesen werden. Diese Zeitungen finden eine große und interessierte Leserschaft und bürgen für Glaubwürdigkeit infolge der *Branchenspezialisierung*.

7. Neuer Internetauftritt

Gerade durch das Internet erhält ARON die einzigartige Chance zu erfahren, was der Kunden wirklich will und wie seine individuellen Bedürfnisse am besten zu befriedigen sind. Der moderne Kunde kann sowohl vor dem Kauf über das WWW online *beraten* werden, wie auch online den Vertrag *abschließen*, auch Zahlungen im WWW werden immer sicherer.

Über das Internet können so jedem Kunden kostengünstig *individuelle Angebote* gemacht werden. Dies kann schon vom ersten Kontakt an zielgruppenspezifisch auf der Homepage von ARON offensichtlich für jeden Benutzer realisiert werden. Es sollte also jeweils einen eigenen Bereich für Haushaltskunden, Geschäftskunden und für die Gewerbetreibenden geben.

Für die „weltweite" Präsentation aktueller Informationen ist das World Wide Web das ideale Medium. Indem das Unternehmen Informationen über sich und sein Angebot für den Interessenten zum Abruf ins Internet stellt, werden *Streuverluste* praktisch ausgeschlossen. Im Unterschied zu klassischen Werbemitteln bestimmt der Nutzer selbst, wann er die Informationen abruft und das rund um die Uhr. Zudem hat das Unternehmen die Möglichkeit, Interessenten wie auch Kunden kosten- und zeitsparend in E-Mail-Listen aufzunehmen und ihnen elektronische Mailings zuzusenden und damit eine effiziente Dialogmöglichkeit zur Kundenbindung zu nutzen.

Auch die Vorteile der Imagewirkung rechtfertigen den noch relativ hohen Betreuungsbedarf sowie die Mühen der ständig notwendigen *Aktualisierung*. Denn nur durch ständig neue nützliche Informationen wird der Kunde zum Wiederbesuchen der Homepage animiert. Voraussetzung ist ferner nicht nur eine leichte intuitive Bedienbarkeit der Seite, also *Schnelligkeit durch klare Nutzerführung*, sondern auch eine ansprechende und übersichtliche professionelle Gestaltung. Ein amateurhaften Auftritt kann sich nur als Bumerang erweisen, denn diesen Eindruck wird der Kunde unwillkürlich nicht nur auf die Standards des Unternehmens übertragen, sondern auch auf das Produkt selbst. Es muss einfach auch *Spaß machen*, die Seiten von ARON zu besuchen. Auch reizvolle Gewinnspiele können den Einstieg versüßen.

Sinnvoll ist es, gerade die *interaktiven Möglichkeiten* des Internets zu nutzen. Viele Konkurrenten haben diesbezüglich schon gute Ideen umgesetzt. Aber auch andere fortschrittliche Unternehmen geben Anregung für den eigenen optimalen Internetauftritt.

Ideal für ARON sind daher folgende interaktive Möglichkeiten:

- ein serviceorientierter Call-Back-Button,
- Chats mit einem Kundenberater (mit Foto) entweder virtueller Natur oder persönlich über eine Web-Cam,
- ein virtuelles Beratungszentrum,
- Erläuterung zur Jahresabrechnung über einen „Klick",
- ein Download-Vertrag,
- Vertragsabschluss per Mail sowie An-, Ab- und Ummelden,
- Zählerstände ablesen,
- individuelle Strompreisberechung (Tarifrechner),
- virtuelle Kraftwerksbesichtigung (Tour de Power),
- Anfahrtsskizze,
- Stromlexikon,
- Energiespartipps,
- FAQs (häufig gestellte Fragen),
- Erstellung von Wärmegutachten,
- Sicherheitskonzepte,
- Energieverbrauchsanalysen,
- Strommessgeräte ausleihen und diese über das Internet reservieren lassen,
- Fernüberwachungen,
- Installateursuche per Postleitzahl,
- Förderprogramme für Kunden (unter Umständen auch Finanzierung),
- Infos und Tipps zur Region, wie Baustelleninfos, Veranstaltungskalender, Öffnungszeiten der Bäder, Bildarchive und Ausgehtipps.

Alles, was einen Kunden rund um das Thema „Strom" interessieren könnte, sollte über das Medium Internet schnell und bequem abrufbar sein. Ferner ist die Rubrik *„Ihre Meinung"* von entscheidender Bedeutung, denn leichter kann ein Unternehmen keine Anregungen für Verbesserungen bekommen.

Hier gilt das gleiche Motto wie bei der leider noch oft gefürchteten und negativ bewerteten Reklamation: In jeder Reklamation steckt eine versteckte Chance. Denn es gilt, dass 100 offizielle Beschwerden ein Potential von ca. 2 700 unzufriedenen Kunden in sich tragen. Und 95 Prozent der verärgerten Kunden bleiben dem Unternehmen treu, wenn ihr Problem innerhalb von 5 Tagen gelöst wird.

Dass Anfragen per E-Mail nicht nur überhaupt, sondern auch schnell beantwortet werden sollten, versteht sich von selbst. Ansonsten werden große Chancen der Kundenbindung vertan.

Der *Zusatznutzen* für den Kunden basiert auf der Tagesaktualität der gebotenen Informationen; das Unternehmen muss also immer etwas Neues bringen. Aktuelle Baustelleninformationen wie auch Veranstaltungskalender und Ausgehtipps können als Anreiz zum Wiederkommen dienen. Nichts ist im Internet nutzloser, als lediglich Veranstaltungsdaten vom letzten Jahr vorzufinden. *Aktualität* ist das Schlüsselwort für den Erfolg.

Nützliche Informationen für die Zielgruppe der Gewerbetreibenden wären zum Beispiel Serien mit „Tipps und Tricks für einen guten Internetauftritt" oder „Recht und Steuern" sowie die „tägliche PC-Unterstützung". Denn die kleineren Gewerbebetriebe sind selbst meist nicht in der Lage, entsprechendes Know-how einzubringen.

Das Unternehmen sollte die Chance nutzen, durch das Internet aufgrund der Speicherung und der Analyse der *Nutzerprofile* individuell auf die Bedürfnisse des Einzelnen einzugehen. Einem guten Kunden kann nur dann ein qualifiziertes Angebot gemacht werden, wenn Daten über seine Person, sein Verhalten sowie Bewegungs- und Kaufprofile vorliegen. Diese individuelle Kundenansprache ist nicht neu, sondern geht auf das *Prinzip von Tante Emma* zurück, die in ihrem allerdings kleinen Laden alle Kunden beim Namen kannte. Tante Emma wusste, was ihre Kunden normalerweise kauften, kannte die Vorlieben und Bedürfnisse und konnte neue Produkte anbieten, die den Geschmack trafen.

Erkennen die Kunden erst die vielen Vorteile, die ihre Auskünfte bewirken, wird dementsprechend ihre Bereitschaft wachsen, noch mehr von sich preiszugeben. Das Schlüsselwort für kundennahes Marketing lautet auch hier wieder: *Vertrauen*. Möchte der Kunde seine Daten nicht speichern lassen, ist dies daher unbedingt zu respektieren. Die Kundenzufriedenheit steht im Mittelpunkt; Sicherheit der Kundendaten wie Datenschutz sind unbedingt einzuhalten. ARON sollte auf seine allgemeinen Geschäftsbedingungen für Online-Angebote hinweisen, wie auch auf das Widerrufsrecht eines Geschäftsabschlusses.

Es sollte ferner eine *Internetplattform zur Unternehmenspräsentation* für die Gewerbetreibenden eingerichtet werden. Und dabei ist für einen Gewerbetreibenden sicherlich nicht nur die kostenlose Eigenwerbung im Internet interessant, sondern auch der Umstand, neben anderen namhaften Kunden in dem Internetportal von ARON aufgeführt zu werden. Mit entsprechenden Anleitungstipps und einem Pflegeangebot, damit auch die Seiten des Kunden aktualisiert werden können, bietet man dem Kunden einen echten Zusatznutzen.

8. Budgetplanung

In dem Briefing für die Konzeption dieser Kampagne war von einem knappen Budget auszugehen.

Die Kosten unterscheiden sich in:

- *interne* Kosten (Material und Personal) und
- *externe* Kosten (Agentur und Beratung),
- *offene* Kosten (Personalkosten) und
- *versteckte* Kosten (EDV-Kosten).

Darüber hinaus sind Kostenarten im Zeitablauf zu unterscheiden:

- *Planungskosten*: Informationsbeschaffung, Analysen etc.,
- *Realisierungskosten*: Agentur, Kreativkosten, Adressmaterial, Druckvorstufe, Druck, Lettershop, Porto, Streukosten etc.,
- *Folgekosten*: Follow-up etc.

In dieser Kampagne sind im Wesentlichen die Realisierungskosten entscheidend:

Das *Adressmaterial* verursacht immer Kosten, auch wenn man eigene Adressen nutzt. Nicht nur die Recherche und das Bereitstellen kostet Geld, sondern insbesondere die Datenbank-Pflege und auch die Selektionskosten.

Bei der *Adressmiete* kann man sich für einmaliges Nutzen oder mehrfaches Nutzen entscheiden. Bei der einmaligen Nutzung kann ein Missbrauch durch Kontrolladressen sofort festgestellt werden. Will man also mehrere Mailings hintereinander schalten, sollte gleich eine Mehrfachnutzung einkalkuliert werden. Die Preise unterscheiden sich sowohl nach Aktualität der Adressen, wie auch nach der Detailtreue der Information. Für ein personalisiertes Anschreiben braucht man außer dem Firmennamen und deren Adresse auch noch den Namen des entscheidenden Ansprechpartners. Benötigt man dazu vielleicht noch eine Telefon- oder Fax-Nummer, so kann sich der Betrag schnell jeweils um 0,20 Euro erhöhen.

Ein Adresskauf lohnt sich nur dann, wenn die Adressen oft und intensiv genutzt werden. Da die Adressen zu schnell veralten, ist hier ein Adresskauf nicht in Betracht zu ziehen.

Zu den *Kreativkosten* zählen zunächst die Beratung, dann die Kosten für den Text, wozu die Kreation des Anschreibens, des Prospektes und des Antwortmittels gezählt wird. Ferner die Kosten für die Grafik mit der Ideenentwicklung, der Umsetzung einschließlich Layout und Reinzeichnung. Den Abschluss bilden die Fotos, wozu eine Bild-Agentur und meist ein Fotograf nötig sind. Bei den Kreativleistungen ist auch immer an das *Urheberrecht* zu denken. Denn ein Urheberecht kann nicht übertragen werden, sondern nur das Nutzungsrecht. Wesentlich ist also, sich ausdrücklich die *Nutzungsrechte* für Layout-Ideen, Grafiken, Slogans etc. schriftlich zusichern zu lassen.

Ansonsten könnte der Urheber eines Werkes, falls es sich auch tatsächlich um eine eigenständige, kreative Schöpfung handelt, bei jeder Nutzung wieder ein Honorar verlangen. Anders sieht es aus, wenn zum Beispiel der Grafiker nach genauen Vorgaben, also nach CD-Richtlinien, Fotovorlagen und Haus-Tonality arbeitet, denn dann handelt es sich um einen ganz normalen Werkvertrag nach dem Bürgerlichen Gesetzbuch. Die Folge wäre, dass man nach der Bezahlung frei über das Werk verfügen kann.

Bei der Verwendung von fremden Bildern kann es zu überflüssigem Ärger und unkalkulierten hohen Kosten kommen. Durch einen *verbindlichen Kostenvoranschlag* lässt sich dies einfach vermeiden. Immer ist auch zu prüfen, ob nicht ein Fotograf preiswerter ist. Das ist der Fall, wenn das gleiche Motiv mehrmals eingesetzt wird. Preislich interessant können auch Bild-Archive auf CD sein, zumal auch die Qualität der Motive immer besser wird.

Auch in der *Druckvorstufe* gibt es großes Sparpotenzial. Zu den Leistungen der Druckvorstufe zählen Reprografie, Lithografie, Scans, Bildbearbeitung, Konvertieren der Daten, Satz und DTP, welche oft auch von der Agentur angeboten werden. Sparen lässt sich durch die Bereithaltung guter, reprofähiger Druckvorlagen. Bildbearbeitung und Retusche können bei einem Stundensatz von ca. 75 Euro hohe Kosten verursachen. Ferner ist es sinnvoll, Logos, Texte etc. als Datensatz zu liefern. Durch den digitalen Druck und CTP (Computer-to-Plate) lässt sich heutzutage die ganze Druckvorstufe einsparen. Nur bei einem Spezialisten lässt sich dann ein eventueller Preisvorteil genau ermitteln, da häufig neue unkalkulierte Kosten entstehen. Der Zeitvorteil ist allerdings sicher.

Bei den *Druckkosten* ist an Papier, die Verarbeitung, den Versand zum Lettershop sowie den Zeitfaktor zu denken. Briefbögen sollten aus lasergerechtem Papier sein. Bei großen Auflagen wie in dem vorliegenden Fall sollte auf jeden Fall Endlospapier verwendet werden, welches im Lettershop viel kostengünstiger bedruckt werden kann. Dort kann auch schon gleichzeitig auf dem Antwortschein die Personalisierung aufgelasert werden. Dass das Kuvert dann ebenfalls maschinell verarbeitbar sein sollte, versteht sich von selbst. Wie überall gilt natürlich auch hier: immer genug Pufferzeit einplanen.

Schließlich entstehen Kosten im *Lettershop*. Dazu gehört das Lasern der Briefe, das Einscannen der Unterschrift, das Falzen, Kuvertieren und Frankieren bis schließlich zur Postauflieferung. Beim Porto ist die übliche Vorauszahlung in das Budget einzuplanen.

Ein Überblick über die ungefähren Kosten dieser Kampagne ist in der folgenden Abbildung 18 aufgeführt. Es ist dabei zu beachten, dass die Kosten unter anderem nach Aufwand und Region stark variieren können.

Mailing:	
Adressen	6 002,50
EDV / Abgleich / Portooptimierung	1 975,00
Litho / Druck / Lettershop (falzen, kuvertieren, frankieren)	6 625,00
Porto 0,55 / 80g	8 250,00
	22 825,50
Konzept / Layout / Reinzeichnung	9 000,00
	31 852,50
Auflage: 15 000	
Preis inklusive Entwicklungskosten	2,12 / Stück
Preis ohne Entwicklungskosten	1,52 / Stück
Außenwerbung:	
Druckkosten für 1 000 Plakate	7 500,00
Mietkosten Großflächen für 10,5 Tage	7 000,00
Funkspot:	
1 Sekunde kostet durchschnittlich (Mo.-Sa.):	
FFH	33,00 /s
Antenne Bayern	42,50 /s

Abbildung 18: Kosten der Gesamtkreation

9. Die zeitliche Planung der Direktmarketing-Aktivität

9.1 Notwendigkeit der Planung

Den größten Erfolg erzielen Maßnahmen, wenn sie im Rahmen der integrierten Kommunikation in alle übrigen Direktmarketing-Aktionen eines Zeitraums von ARON eingebunden sind. Schon bei der Planung ist zu prüfen, ob nicht durch die *Vernetzung* von Einzelmaßnahmen Synergie-Effekte erzielt werden können. Andererseits besteht bei der detaillierten Planung die Schwierigkeit, dass viele Aktionen gleichzeitig ablaufen und daher genauestens koordiniert und abgestimmt werden müssen.

Ausgangspunkt für die Strategie der Kampagne ist das *Briefing*. Es ist als eine Art „Marschplan" anzusehen, der auch vor Missverständnissen sowie Zeit- und Kostenfehleinschätzungen schützt.

Für die Detailplanung im Direktmarketing arbeitet man häufig mit einer *Rückrechnung*. Die *Zeitplanung* ist ein wesentliches Zeichen von Qualität, und Zeitfehler führen zu Qualitätsfehlern. Dies bedeutet, dass von dem Zeitpunkt an, zu dem das Mailing beim Konsumenten eintreffen soll, Schritt für Schritt mit ausreichend Zeit für jeden Vorgang zurückgerechnet wird, dabei sind auch Pufferzeiten einzuplanen. Grundsätzlich dauert es gut drei Monate von der Aufgabenstellung bis zur Postauflieferung beim Kunden. Bei umfangreichen Aktionen ist allerdings mehr Zeit im Vorlauf zu planen.

Die nachfolgend genannten geschätzten Zeitabläufe beziehen sich auf den Streuzeitpunkt des Mailings. Die Wahl der Werbemedien wie auch die Ermittlung der Zielgruppen ist bereits erfolgt. Hier ist von einem Vorlauf von insgesamt gut drei Monaten auszugehen.

9.2 Planung der Kommunikationsstrategie

Mindestens zwei Monate vor der Streuung des Mailings sind folgende Arbeitsschritte zu beachten:

- Informationen und Material sammeln und analysieren,
- Personal-Planung,
- Aufgaben verteilen,
- CD-Richtlinien überprüfen,
- Konzepte entwerfen (Text, Grafik, Foto),
- Budget bedenken,
- Zeitplanung anfertigen,
- Präsentation,
- Einholung von Angeboten.

9.3 Gestaltung der Mailings, Radiospots, Großflächenplakate

Mindestens sechs Wochen vorher sind folgende Aufgaben umzusetzen:
- Briefingunterlagen erstellen und
- Werbeagentur bezüglich der Gestaltung briefen,
- Material für die Agentur bereitstellen, wie zum Beispiel Fotos,
- Erstellung der Werbemittel,
- Werbemittelkonzept der Agentur oder selbst erstellte Unterlagen präsentieren und
- korrigieren.

9.4 Neuer zielgruppenspezifischer Internetauftritt

Mindestens drei Monate vorher ist zu beachten:
- Internetagentur auswählen und briefen,
- Konzepte entwerfen,
- Material und Ideen bereitstellen,
- Budget festlegen,
- Termine bestimmen,
- CD-Richtlinien überprüfen,
- Korrekturen,
- Pflegeteam bestimmen.

Die Plakate und Spots greifen mit der Timeline der Mailing Steps ineinander. Die Zeitabstände zwischen den einzelnen Stepps werden in kurzen Wellen aufgeschlüsselt, also ca. drei bis sechs Wochen.

10. Verbleibende Aufgaben für ARON

Für ARON selbst bleiben in dieser Kampagne bei jedem einzelnen Mailing noch folgende Aufgaben:

Mindestens sechs Monate vorher hat das Unternehmen folgende Aufgaben:

- Strategieplanung und Abstimmung mit anderen Aktionen,
- Konzept intern präsentieren und korrigieren,
- interne Freigaben besorgen,
- Budget sichern und eigene Zeitplanung anfertigen.

Mindestens sechs Wochen vorher:

- Personal und Ressourcen intern planen, also Zuständigkeiten für Telefon, Follow-up etc.,
- Adressen recherchieren, Selektion fahren,
- Material für Agentur bereitstellen,
- Aufgaben verteilen und Mitarbeiter informieren,
- unter Umständen Fremdadressen bestellen,
- Freigaben und Kapazitäten checken,
- Material in Druck,
- Follow-up-Material bereitstellen,
- Adressen aufbereiten und abgleichen,
- Freigaben und Kapazitäten noch einmal checken,
- Material an Lettershop, Falzen und Kuvertieren,
- Follow-up nochmals checken, wie z. B. die Telefonkapazität,
- Plan für das Erfassen der Rückläufer in der Database, damit die Daten für Folgeaktionen gespeichert und genutzt werden können,

Zum Streuzeitpunkt:

- Postaufliefern und Antworten vorbereiten,

Follow-up:

- Erfassen der Reagierer,
- antworten,
- Erfolgskontrolle,

- Auswertung und Statistik,
- Aufbereiten der Daten für die nächste Aktion.

Einige Besonderheiten sind zu beachten. Gerade die qualitative Bildbeschaffung benötigt viel Zeit, unter Umständen ist noch ein individuelles Foto-Shooting nötig.

Wie auch sonst gilt, sich alle Termine immer *bestätigen* zu lassen.

11. Perspektiven

11.1 Aktualisierte Datenbank

Die Perspektiven für ARON sind sehr positiv, wenn dieser bisher sehr erfolgreiche Weg zielstrebig weiter beschritten wird. Einige Aspekte bedürfen jedoch besonderer Beachtung.

Für ein effektives und gezieltes Dialogmarketing ist das *Database-Marketing* die Grundvoraussetzung. Durch das Database-Marketing wird dafür gesorgt, dass wesentliche Daten vom Kunden zum Unternehmen fließen und dort sorgfältig gespeichert und analysiert werden. Im Gegenzug können, abgestimmt auf die individuellen Bedürfnisse eines jeden Kunden, jedem einzelnen maßgeschneiderte Angebote angeboten werden. Sowohl die Interessenten- wie auch die Kundendatenbank sollten in regelmäßigen Abständen aktualisiert sowie gepflegt werden, da sich sonst der Informationswert der Marketingdatenbank innerhalb kurzer Zeit aufgrund von Veränderungen der Kundendaten schnell verschlechtert. Jeder Kontakt mit dem Kunden sollte als große Chance genutzt werden, um die Datenbank zu aktualisieren oder auch um neue Merkmale einzufügen.

Auch sollte die Kundendatenbank die *Multidimensionalität* des Verbraucherverhaltens widerspiegeln, sodass immer mehr Variablen als Indikatoren für zukünftiges Verhalten zu erfassen sind. Auch wenn es in diesem Beispiel um Gewerbekunden geht, sind es letztlich doch immer Menschen, die die Entscheidung treffen.

Allein soziodemografische Kriterien reichen zur Klassifizierung des hybriden Konsumenten nicht mehr aus. Quellen für die wertvollen Informationen sind hierbei entweder Rückläufe über eine Fax-Rückantwort oder Coupons von einem Gewinnspiel wie auch Daten, die bei Telefonaten im Call-Center angefallen sind. Insbesondere eignen sich Bestellungen als Quelle für Informationen über den Kunden, denn Formulare für die Erstbestellung enthalten oft zusätzliche Fragen zur Qualifizierung der Datenbank. Ferner eignen sich als Datenquellen Informationsanforderungen und heutzutage besonders die optimale Erfassung über die Online-Medien. Daten der Kontakte, die über das Internet entstehen, werden in die Database eingespeist.

11.2 Weitere Segmentierung der Gewerbekunden

Mit Hilfe einer Marktsegmentierung kann ARON die Effektivität und Effizienz seiner *Kundenbindung* und *Kundengewinnung* erhöhen, da die Ausrichtung der Marketing-Instrumente auf die betrachteten Segmente zielgerichtet erfolgen kann. Da die zu betrachtenden Betriebe im Gegensatz zu den Geschäftskunden geringere Strommengen nachfragen, sollte der Segmentierungsaufwand begrenzt werden. Angesetzt wird demnach nur bei der Unternehmensgröße, dem Anwendungsfeld für Strom, also dem Betrieb eines Backofens oder der Beleuchtung von Büros, sowie natürlich der Abnahmemenge selbst, die sicherlich von Branche zu Branche stark variiert.

11.3 Professionelle Öffentlichkeitsarbeit

Für ARON spielt wie für jeden Energiedienstleister eine professionelle Öffentlichkeitsarbeit eine besonders wichtige Rolle. Da die Entscheidung für einen Anbieterwechsel durch den Kunden auch aufgrund seiner Ratio gefällt wird, versucht dieser aus allen verfügbaren Informationsquellen, wie Zeitungs- oder Fernsehbeiträgen oder von Verbraucherschutzverbänden, geeignete Information zu sammeln und zu bewerten.

Es sollte daher auf Dauer sichergestellt werden, dass alle Pressemedien mit *aktuellen Informationen* versorgt werden. Ein enger Kontakt zur Presse ist auch wichtig, um auf diesem Wege aktive Personen von ARON, wie zum Beispiel den Geschäftsführer oder andere leitende Mitarbeiter der Öffentlichkeit bekannt zu machen. Dies signalisiert zum einen dem Kunden die Solidität des Unternehmens, zum anderen entsteht dadurch auch ein emotionales Bild beim Kunden. Nur Offenheit auf Unternehmerseite schafft auf Dauer Vertrauen bei den Kunden. ARON sollte damit auch die Courage haben, kritische Punkte anzusprechen, wie zum Beispiel die Kernenergie.

11.4 Member gets Member

Ein erfolgreicher Ansatz für die Neukundengewinnung ist das Konzept der Freundschaftswerbung, denn etwas Glaubwürdigeres und damit Wirkungsvolleres als gute Mund-zu-Mund-Propaganda gibt es kaum. Selbst erlebte positive Erfahrungen einer Vertrauensperson sind kaum zu übertreffen. Ein attraktiver Anreiz für den „Aufwand" der Informationsweitergabe ist allerdings Grundvoraussetzung.

11.5 Newsletter: E-Mail-Marketing / Permisson-Marketing

Ein attraktiver *Newsletter im Printformat* ist ein weiteres sehr gutes Kundenbindungsinstrument. Ähnlich wie im Internet könnten dort praktische Tipps und Tricks für das Geschäft des Gewerbetreibenden in Serie aufbereitet werden. Dabei darf nicht vergessen werden, dass das Leserinteresse und nicht das Interesse des eigenen Managements an erster Stelle stehen sollte. Der Print-Newsletter könnte auch geeignet sein als eine Art „Anteasen" zum neugierig machen auf den E-Mail-Newsletter oder die Internetseiten.

Für die mit den neuen Medien versierten Kunden ist insbesondere der *Newsletter per E-Mail* von großem Vorteil, das spart wertvolle Zeit und ist viel bequemer. Durch heutzutage mögliche HTML-Programmierung sowie auch 3-D-Bildtechnik kann von zu Hause aus oder im Büro durch emotionale Bilder der Erlebnishunger gestillt werden. Bedenkt man, dass jede Person täglich 400 bis 2 000 Reizen verschiedener Medien ausgesetzt ist, wird eine sinnvolle Selektion für den Einzelnen fast überlebenswichtig.

Gerade auch im E-Mail-Marketing gilt das Motto: „Wenn wir uns für die anderen interessieren, interessieren sie sich auch für uns". Mit der richtigen Kommunikation ist Erfolg garantiert, also mit neuen wie auch flexiblen Ideen und insbesondere mit attraktivem und vor allem aktuellen Inhalt. Wer dies nicht beachtet, wird schnell Opfer des Mausklicks, denn die Konkurrenz ist nur ein Klick entfernt. Hier ist ein *dynamisches Content-Management* gefragt.

E-Mail-Marketing überzeugt durch Schnelligkeit wie auch durch Kosteneffizienz. Auch hier gewinnt nur das Unternehmen mit einem ausgefeilten Customer-Lifetime-Value-Konzept, denn kurzfristige Kundenbeziehungen zahlen sich nicht aus. Das E-Mail-Marketing ermöglicht durch die Vorzüge der EDV eine lernende Kundenbeziehung mit gezielten Cross- wie auch Upselling-Angeboten. Wesentlich ins Kalkül mit einzubeziehen ist der Umstand, dass erfahrungsgemäß 75 Prozent der Kunden bereit sind, persönliche Daten über sich preiszugeben, wenn sie dafür auch einen persönlichen Service erhalten.

Langfristig gesehen kommt das Unternehmen mit *Permission-Marketing*, dem sogenannten Erlaubnismarketing, auch für E-Mail-Newsletter bei der Erreichung seiner Ziele weiter. Der Kunde sollte durch einen attraktiven sowie aktuellen Newsletter motiviert werden, diesen E-Mail-Newsletter gewollt zu beziehen. Nicht nur eine Willkommens-E-Mail sollte obligatorisch sein, sondern auch Erklärungen zum Datenschutz, damit sich der Kunde sicher fühlt, seine individuellen Daten preiszugeben. Ferner sollte immer die Möglichkeit bestehen, aus dem Kreis der Abonnenten auszusteigen. Mails sollten immer schnell beantwortet werden. Und insbesondere sollte durch eine beständige Frequenz Vertrauen geschaffen werden.

Inhaltlich steht folgende Überlegung im Vordergrund: Womit kann das Unternehmen seinen potenziellen Kunden erfolgreich machen? Zudem stellt sich die Frage, wie das Unternehmen die Herzen seiner Kunden erobern kann. Hilfreich sind auch hier wieder Dialoganreize wie Gewinnspiele, Umfragen, Wettbewerbe, Veranstaltungskalender, Verbesserungen des Services, Presseinfos, saisonale Anlässe, Events etc.

Durch die Personalisierung erhöht sich nicht nur die Kundenbindung, sondern die Zugriffsrate steigt wie auch die Markenbekanntheit und schließlich auch der Umsatz.

11.6 Internetauftritt

Ähnliches wie für den E-Mail-Newsletter gilt für den gesamten Internetauftritt. Zielgruppenspezifisches Eingehen auf die einzelnen Branchen bis hin zur persönlichen Ansprache und Eingehen auf die *individuellen Bedürfnisse* des einzelnen Kunden mit Hilfe von Nutzerprofilen sind aufgrund der neuen Technologien machbar und erschwinglich. Um als Gewinner hervorzugehen und den mühsam gewonnenen Kunden nicht durch einen Klick an die Konkurrenz zu verlieren, sollte neugierig und mit Elan auf neue Denkansätze sowie neue Technik gesetzt werden.

Anregungen erhält man nicht nur bei den Wettbewerbern, sondern auch bei anderen vorbildlichen Unternehmen. ARON sollte nicht zögern, seinen zunehmend interaktiven Internetauftritt für gezieltes *Customer Relationship Management* (CRM) auszubauen. Dieser neue Trend der Informationstechnik verspricht, mit genauem Instrumentarium Kundenprofile, Marktanalysen und die eigene Produktpalette so zu schneidern, dass neue Marktnischen und Geschäftspotenziale erschlossen werden können. Ein erheblicher Service- und Effizienzvorsprung gegenüber dem Wettbewerb wird möglich, denn zufriedene Kunden generieren mehr Umsatz. Die Wahrscheinlichkeit, dass ein sehr zufriedener Kunde nachbestellt, ist dreimal höher als bei einem nur zufriedenen Kunden. Und nur wenn ARON seine Kunden langfristig zufrieden stellt, kann er deren positive Mund-zu-Mund-Propaganda als ein gezieltes Marketing-Instrument nutzen.

Die Zukunft für ARON liegt im strategisch kommunizierten *Wandel* vom Stromlieferanten zum fortschrittlichen sympathischen Energiedienstleister und somit von einem austauschbaren Lieferanten zu einem Geschäftspartner, der auch aufgrund seiner wahrgenommenen Problemlösungskompetenz fest in der Wertschöpfungskette des Gewerbetreibenden verankert sein sollte.

ARON wird damit wieder seinem bisher exzellenten Ruf gerecht.

Teil II: Erstellung eines Direktmarketingkonzeptes für die
Abteilung 3M Health Information Systems

Daniela Friedel
Susanne Röhrenbeck
Uta Roßner
Matthias Borner
Gerd Friß

1. Aufgabenstellung

Die Dialogmarketing-Agentur *Die N@ttworker* wurde im Rahmen des Studiums zum Fachwirt/in Direktmarketing DDV an der Deutschen Direktmarketing Akademie (DDA) gegründet. Sie besteht aus fünf Mitgliedern: Daniela Friedel, Susanne Röhrenbeck, Uta Roßner, Matthias Borner und Gerd Friß. Die Aufgabe der Agentur bestand darin, ein *Direktmarketing-Konzept* für die Hauptabteilung 3M Health Information Systems zu entwickeln, das der Philosophie der Abteilung, den Kunden in den Mittelpunkt aller Aktivitäten zu stellen, entspricht.

Im Jahre 2003 soll ein neues *Abrechnungssystem* basierend auf DRGs (Diagnosis Related Groups) im Gesundheitswesen, genauer in der stationären Akutversorgung, etabliert werden. Die Abteilung 3M Health Information Systems des weltweit agierenden 3M-Konzerns hat sich zum Ziel gesetzt, Krankenhäuser und Krankenkassen auf dem Weg dorthin zu begleiten. Sie bietet *Benchmarkingprojekte* (Vergleich mit anderen Krankenhäusern auf Basis des neuen Abrechnungssystems) für Krankenhäuser und -kassen sowie Software und Schulungen an. Die Abteilung wurde 1996 gegründet. Der Hauptabteilungsleiter, Herr Martin Möller, ist hinsichtlich der Einführung des Systems in Deutschland ein „Mann der ersten Stunde" und startete allein. Erst allmählich wuchs die Anzahl der Mitarbeiter.

Durch das sehr große Interesse der Krankenhäuser an Benchmarkingprojekten waren die Mitglieder in den ersten Jahren so sehr in die tägliche Arbeit eingebunden, dass es zunächst darum ging, die anfallende Arbeit überhaupt zu bewältigen. Die fehlenden Ressourcen ließen in dieser Anfangszeit kaum eine zielgerichtete *Kundenbetreuung* zu. Es handelte sich hier um eine typische Start-up-Situation in einem neuen Markt. 3M war in der Lage, weiter in das Geschäft zu investieren und das Chaos der Start-up-Phase in geordnete Organisationsstrukturen zu lenken. Erst Ende des Jahres 2000 entspannte sich die Situation. Die Mitarbeiteranzahl der Abteilung wuchs auf über 20 und mit der Einführung von Softwareprodukten Anfang des Jahres 2001 auch die Bestrebung der Geschäftsleitung, feste Strukturen für die zukünftige Arbeit zu etablieren.

Das Angebot seitens der Nachwuchsagentur *Die N@ttworker*, ein *Direktmarketing-Konzept* für die Abteilung zu entwickeln, fiel somit auf fruchtbaren Boden. Die N@ttworker fanden ein unbestelltes Feld vor, das heißt, die Agentur konnte aus dem Vollen schöpfen und praktisch ohne weitreichende Vorgaben oder Einschränkungen an die Arbeit gehen.

Anfangs trafen sich die Mitglieder der N@ttworker, um ein *Grundkonzept* zu entwickeln. Später wurden die einzelnen Bereiche wie zum Beispiel ausgewählte Direktmarketing-Instrumente, Mediaplanung, Grafik oder das Mailingkonzept zur Neukundengewinnung auf die einzelnen Mitglieder verteilt. Zuletzt wurden die Arbeiten in der Gruppe zusammengetragen und weiter optimiert. Am Ende stand ein Konzept, das beim Auftraggeber 3M Health Information Systems auf ein sehr positives Echo stieß.

Besonderer Dank gilt Herrn Rainer Tuschmann und Herrn Martin Möller von der Firma 3M für das entgegengebrachte Vertrauen, das sehr gute Briefing und für die fortwährende Unterstützung während der Konzeptionsphase. In dem für Laien sehr komplizierten Markt bildete dieses die Basis für die erfolgreiche Agenturarbeit. Außerdem danken wir Herrn Nik Bohn für die grafische Umsetzung des Anzeigenkonzeptes, sowie des Konzeptes für die Kundenzeitschrift.

2. Abrechnungssystem im stationären Bereich der Akutversorgung – von Pflegesätzen, Fallpauschalen und Sonderentgelten zu Diagnosis Related Groups (DRG)

2.1 System der Pflegesätze, Fallpauschalen und Sonderentgelte

Das *Abrechnungssystem* der Krankenhäuser soll an einem Beispiel erläutert werden:

Eine ältere Frau wird mit einer starken Infektion in die Klinikambulanz eingeliefert. Sie hustet stark und bei einer näheren Untersuchung stellt sich heraus, dass sie seit längerer Zeit an Diabetes leidet. Die Ärzte bekommen die Lungenentzündung zunächst nicht in den Griff. Trotz Antibiotika-Therapie hat die Patientin hohes Fieber, ihr Allgemeinzustand verschlechtert sich und die Blutzuckerwerte entgleisen. Die alte Dame liegt vier Tage auf der Intensivstation. Erst mit einer stärkeren, gezielteren Antibiotika-Therapie gelingt es den Ärzten, die Infektion zu heilen. Nach zehn Tagen wird die alte Dame entlassen.

Kein seltener oder ungewöhnlicher Fall in einem Krankenhaus. Interessant ist nun die Frage, wie die Behandlung abgerechnet wird.

Derzeit wird der Krankenhausaufenthalt über *Abteilungspflegesätze* (in Verbindung mit Basispflegesätzen und teilweise Sonderentgelten) oder über *Fallpauschalen* abgerechnet. Pflegesätze sind täglich abzurechnende gleiche Tagessätze; Fallpauschalen und Sonderentgelte sind Pauschalbeträge für einen gesamten Krankenhausfall (Fallpauschale) bzw. für eine komplette diagnostische oder therapeutische Leistung (Sonderentgelt). Es handelt sich hierbei um *pauschale Abrechnungsbeträge*, die bei einer Behandlung von kalkulatorisch ermittelten Kosten ausgehen. Den durchschnittlichen Behandlungsfall gibt es jedoch nur in der Theorie. Das bisherige System der Sonderentgelte/Fallpauschalen deckt zudem nur rund 20 Prozent aller akut stationären Fälle ab, da nur hierfür bestimmte Entgeltkataloge vorliegen. Die verbleibenden 80 Prozent lassen sich nicht genau zuordnen. Der Gesundheitsmarkt in Deutschland ist somit in Bezug auf die Abrechnung der Leistungen sehr undurchsichtig.

Das Ziel einer *leistungsgerechten Vergütung* aller Krankenhausleistungen ist mit dem derzeitigen System nicht zu erreichen. Das System der Fallpauschalen/Sonderentgelte ermöglicht es den Krankenhäusern nur ungenügend, ihre Ressourcen zielgerichtet einzuteilen und so eine solide Planung vorzunehmen.

2.2 Abrechnung nach DRG (Diagnosis Related Groups)

Die oben genannten Gründe sowie das Bestreben, eine langfristige Finanzierbarkeit des Gesundheitswesens zu sichern, führten dazu, dass sich die Bundesregierung im Rahmen der Gesundheitsreform 2000 zur Einführung eines neuen fallpauschalierten Vergütungssystems auf Basis von DRG entschied.

DRG steht für „Diagnosis Related Groups" oder auch „Diagnosenbezogene Fallgruppen". Es handelt sich um ein Fallpauschalensystem basierend auf Diagnosen und Prozeduren (Operationen etc.) zur Klassifikation von stationären Behandlungsfällen in Akutkrankenhäusern. Jedem stationären Aufenthalt wird genau eine DRG anhand der Hauptdiagnose und des wichtigsten Eingriffs zugeordnet. Das Behandlungsspektrum im vollstationären Bereich, Psychiatrie ausgenommen, wird mit Hilfe dieser Fallgruppensysteme zukünftig komplett abgedeckt. DRG-Systeme berücksichtigen nicht nur medizinische, sondern auch ökonomische Aspekte. Sie können zu unterschiedlichen *Zwecken* eingesetzt werden: Krankenhausmanagement, strategisches Controlling und Unternehmensplanung, Unterstützung der Qualitätssicherung, Krankenhausvergleich, Budgetbemessung und Krankenhausvergütung.

Das System der DRG wurde in einem Forschungsinstitut an der *Yale Universität* in den USA Ende der 60er Jahre durch Prof. B. Fetter entwickelt. Seit dem ersten Einsatz in den USA im Jahr 1983 verbreiteten sich die DRG-Systeme zunehmend in Europa, in Australien und vereinzelt auch in Ländern anderer Kontinente. Inzwischen gibt es in vielen Ländern unterschiedliche DRG-Systeme. Im Juni 2000 verständigte sich die Selbstverwaltung, bestehend aus führenden Vertretern der Krankenversicherer und Krankenhäusern, auf das AR-DRG-Klassifikationssystem (AR-DRG = Australian Refined Diagnosis Related Groups) nach australischem Vorbild. Das australische System muss nun auf die deutschen Verhältnisse angepasst werden.

Im Vergleich zum bestehenden System wird es zukünftig einen Bezug zur *Fallschwere* geben. Gilt die Behandlung eines Krankenhausfalls als besonders aufwändig, also personal- und kostenintensiv, dann wird diesem Umstand durch eine höhere Vergütung Rechnung getragen. Das Krankenhaus muss allerdings den Anspruch auf eine höhere Vergütung nachweisen und die Fallschwere darstellen. Im DRG-System wird diese Fallschwere durch eine besondere Kombination aus Haupt- und Nebendiagnosen festgelegt. Man erwartet, dass die Anzahl der abrechenbaren Fallgruppen für stationäre und teilstationäre Leistungen bei einer deutschen Weiterentwicklung zwischen 600 und 800 Fallgruppen liegen wird.

2.3 Einführung zum 1. Januar 2003 und Konsequenzen

Das neue DRG-basierte Abrechnungssystem soll zum 1. Januar 2003 zunächst *budgetneutral* eingeführt werden, das heißt, die Krankenhäuser erhalten in der Umstellungsphase zunächst unabhängig vom DRG-Ergebnis weiterhin ihr bisheriges Budget. Für die Krankenhäuser und Krankenkassen bedeutet diese Umstellung tiefgreifende Veränderungen in die bisherige Arbeitsweise.

Das Krankenhaus der Zukunft wird sich in seinen baulichen, personellen und sachlichen Voraussetzungen so ausrichten müssen, dass das medizinisch Notwendige mit möglichst hoher Effizienz erbracht werden kann. Es wird ein *Wettbewerb unter den Krankenhäusern* in Gang kommen. Erstmals wird der Ansatz „gleiches Geld für gleiche Leistung" umgesetzt. Bisher existieren historische Budgets, deren Bemessung sehr unterschiedlich und nicht besonders leistungsbezogen sind. In diesem Wettbewerb muss sich jedes Krankenhaus zukünftig positionieren. Die Transparenz, die das DRG-System bringt, wird dazu führen, dass Krankenhäuser sich spezialisieren; anderen wird der Wandel nicht gelingen, und sie werden schließen müssen.

Aus diesem Grund ist es für die Krankenhäuser unumgänglich, sich bereits heute mit dem neuen System auseinander zu setzen und sich auf die *veränderten Rahmenbedingungen* einzustellen. Eine korrekte Falldokumentation schon ab dem Jahr 2001 ist hier von großer Bedeutung, da das künftige Fallgruppensystem, in der ursprünglichen Planung, auf Grundlage der Daten von 2001 eingeführt werden soll. Viele Krankenhäuser haben zur Vorbereitung auf die Einführung bereits intern DRG-Beauftragte berufen, die alle notwendigen Schritte zur Umstellung in die Wege leiten und überwachen.

Der Aufklärungsbedarf sowohl bei den Krankenhäusern als auch bei den Krankenkassen ist enorm. In *Benchmarkingprojekten* wird versucht, Transparenz in die eigenen Daten zu bringen und sich mit anderen Häusern zu vergleichen. Für die richtige Kodierung und Gruppierung der Diagnosen und Prozeduren sind Softwareprodukte unabdingbare Voraussetzung, ebenso wie für die Analyse der Krankenhausdaten. Zudem besteht für das Personal der Krankenhäuser und Krankenkassen ein immenser Schulungsbedarf.

3M Health Information Systems bietet Unterstützung rund um die DRG-Einführung. Angefangen über Benchmarkingprojekte, die bereits seit dem Jahr 1996 durchgeführt werden, vertreibt 3M seit Anfang des Jahres 2001 DRG-Software zur Kodierung, Gruppierung und Analyse und bietet außerdem Veranstaltungen und Trainings an, um dem enormen Aufklärungsbedarf rund um DRG Rechnung zu tragen.

3. Ist-Situation bei der Abteilung 3M Health Information Systems

3.1 3M-Konzern und Unternehmensphilosophie

3M steht für *Minnesota, Mining & Manufacturing*. Das Unternehmen wurde im Jahre 1902 in St. Paul, Minnesota (USA), gegründet, wo es noch heute seinen Hauptsitz hat. Im Jahre 2000 beschäftigte 3M weltweit über 75 000 Mitarbeiter in über 60 Ländern. Das Produktsortiment umfasst über 50 000 Produkte. Im Jahre 2000 betrug der Umsatz 16,7 Mrd. US $, 52 Prozent davon wurden außerhalb der USA erzielt. 3M hat weltweit über 130 000 Aktionäre, denen das Unternehmen seit nunmehr 138 Quartalen in ununterbrochener Reihenfolge Dividende zahlt (Stand: 31. Dezember 2000). 3M Deutschland wurde 1951 gegründet. Ca. 3 200 Mitarbeiter erwirtschafteten im Jahre 2000 in Deutschland einen Umsatz von ca. 1 Mrd. Euro.

Das Unternehmen ist in vielen verschiedenen Märkten präsent und hat sein Tätigkeitsumfeld in zehn große *Hauptmärkte* unterteilt, z. B. Elektro & Elektronik, Büro & Kommunikation, Industrie & Handwerk bis hin zur Telekommunikation und Medizin & Gesundheit, um nur einige zu nennen. 3M investiert Jahr für Jahr 6,5 Prozent des Weltumsatzes in Forschung und Produktentwicklung. Das ist ein wichtiger Grund, weshalb 3M weltweit für Innovation und moderne Lösungen steht. Schon seit langem erzielt 3M ein Viertel des Weltumsatzes mit Lösungen und Produkten, die jünger sind als fünf Jahre.

Das Unternehmen 3M hat eine *Vision*: „Wir möchten für unsere Kunden das innovativste Unternehmen und bevorzugter Lieferant sein."

Das Unternehmen hat den Anspruch, höchste Qualität und hervorragenden Service zu bieten, den Investoren fortwährendes Wachstum und eine attraktive Rendite zu sichern sowie ein Unternehmen zu sein, auf das die Mitarbeiter stolz sind und in dem sie gerne arbeiten. Die *Unternehmensziele* sind also Wachstum, Produktivität, zufriedene Kunden und Mitarbeiter sowie Schutz und Pflege des 3M-Images.

3.2 Organisationsstruktur der Abteilung 3M Health Information Systems

Die Abteilung *3M Health Information Systems* gehört zur Sparte „Medizin & Gesundheit", die sich wiederum in die Bereiche Pharma und Medical teilt. Der Geschäftsbereich Pharma stützt sich vor allem auf Präparate aus der Atemwegstherapie, der Immunologie und aus dem Herz-Kreislauf-Bereich. Der Geschäftsbereich Medical, zu dem auch 3M Health Information Systems gehört, bietet neben Krankenhaus-Informationssystemen auch Produkte für Praxis und Pflege, Spezialprodukte für Klinik, Orthopädie, Elektromedizin und Verbrauchsprodukte für das Krankenhaus.

3M Health Information Systems ist *weltweit* organisiert. In den USA arbeiten ca. 600 Mitarbeiter in vier Forschungs- und Entwicklungszentren an der Verbesserung der DRG-

Systeme. Neben den USA kommen 3M DRG-Systeme in weiteren zwölf Ländern zum Einsatz.

Für 3M Health Information Systems in *Deutschland* arbeiten zur Zeit 25 Mitarbeiter, die sich auf die großen Bereiche DRG-Benchmarking, DRG-Software und DRG-Seminare/Veranstaltungen aufteilen. Diese drei Bereiche arbeiten sehr eng zusammen, um auch Cross-Marketing-Effekte nutzen zu können und um zu gewährleisten, nach außen als Einheit mit einer einheitlichen Aussage aufzutreten.

3.3 Produkte & Dienstleistungen

3M Health Information Systems ist das einzige deutsche Unternehmen, das im Bereich der DRG-Einführung einen *Komplettservice* anbietet:

Benchmarking:
3M Health Information Systems startete 1996 mit dem Benchmarking-Programm, um den Beweis anzutreten, dass ein DRG-System in Deutschland sehr wohl funktionieren kann. Krankenhäuser erfassen ihre Daten und schicken diese an 3M. Hier werden die Daten aufbereitet und analysiert. Das Krankenhaus erhält diverse individuelle Auswertungen sowie Experten-Bewertungen der 3M-Fachleute. Diese Auswertungen geben dem Krankenhaus wertvolle Rückschlüsse auf *Optimierungspotenziale* für die Zukunft. In der Regel sind mehrere Krankenhäuser in einer Benchmarking-Gruppe zusammengefasst, sodass die Häuser sich auch untereinander vergleichen können.

Software:
3M Health Information Systems bietet ein komplettes *Software-Sortiment* an: Software zum Kodieren (Ermittlung der richtigen Diagnose- bzw. Prozedurencodes ausgehend von Klartext), zum Gruppieren und zum Analysieren. Das Kernprodukt ist der 3M-Grouper. Ein Grouper ist ein Softwareprogramm, das anhand von definierten Algorithmen die Behandlungsfälle einer bestimmten DRG zuordnet. Die Kodiersoftware ICD/ICPM Professional sowie der 3M AR-Grouper werden auch im Paket als 3M DRG-Arbeitsplatz angeboten. Erst seit Anfang des Jahres 2001 verkauft 3M gezielt DRG-Software und sieht hier das größte Marktpotenzial für die Zukunft.

Seminare/Veranstaltungen:
3M organisiert drei bis fünf *Veranstaltungen* im Jahr, um über die aktuelle Situation bei der DRG-Einführung in Deutschland zu informieren. Parallel dazu werden über das Jahr verteilt DRG-Seminare angeboten. Allgemeine DRG-Seminare richten sich an alle Beteiligten des Gesundheitswesens, zusätzlich gibt es Intensivtrainings für Mediziner bzw. Ökonomen.

3.4 Wettbewerb

Im Bereich *Benchmarking* gibt es neben 3M Health Information Systems nur einen großen Wettbewerber. Dieser hat zwar mehr Krankenhäuser unter Vertrag, allerdings betreut 3M die größeren Häuser. Beide Wettbewerber können auf Erfahrung mit mehreren Millionen Patientendatensätzen zurückgreifen.

Auf dem *Softwaremarkt* gibt es im Bereich der Kodierungssoftware neben 3M zwei Wettbewerber, die größere Marktanteile besitzen. Bei der Gruppierungssoftware ist 3M führend. Der 3M-Grouper ist im Markt als zuverlässiges Programm anerkannt. Bei den Analyseprogrammen hat die Vermarktung gerade erst begonnen. 3M Health Information Systems bietet zur Zeit zwei Analyseprogramme, die den Krankenhäusern sehr gute Möglichkeiten bieten, die eigene Situation zu analysieren. Die Chancen für 3M, auf diesem Gebiet große Marktanteile zu gewinnen, stehen sehr gut.

Auf dem Markt für *DRG-Trainings* gibt es sehr viele Wettbewerber. 3M kann im Gegensatz zu vielen anderen Anbietern auf eine langjährige Erfahrung mit DRGs zurückgreifen. Ferner stützt sich 3M auf Kooperationen mit Beratungsfirmen und Meinungsbildnern.

3.5 Bisherige Konzepte

Bis Ende des Jahres 2000 konzentrierte sich das Geschäft von 3M Health Information Systems nahezu ausschließlich auf die *Benchmarkingprojekte*. Mit Hilfe dieser Projekte war 3M maßgeblich daran beteiligt zu beweisen, dass das DRG-System eine durchaus mögliche Alternative in Deutschland ist.

Strategisch sah 3M die Benchmarkingprojekte immer als Grundlage für das spätere Geschäft mit DRG-Software und Trainings- bzw. Beratungsleistungen. Sobald das System im Markt etabliert ist, wird das Benchmarkinggeschäft zwangsläufig zurückgehen. Es wird notwendig sein, anwenderfreundliche und auf die Kundenbedürfnisse zugeschnittene *Softwarelösungen* zu entwickeln, sowie den vorhandenen Bedarf an Schulungen und Beratungsleistungen zu decken. Diese Strategie von 3M hat weiterhin Bestand.

Aus genannten Gründen lagen spezielle *Marketing-Konzepte* zur Kundenbindung und -neugewinnung bislang nicht vor. Hier beginnt die *Arbeit der N@ttworker*. Konzepte und Instrumente aufzuzeigen, wie Kunden in Zukunft zielgerichtet gebunden und Kundenbeziehungen ausgebaut werden können.

3.6 Erfolgskonzept für die Zukunft

Produkte werden immer vergleichbarer, daher ist ein USP (*Unique Selling Proposition*) von unschätzbarem Wert. Mit einem USP kann man sich vom Wettbewerb abheben. Ein

USP ist stark produktbezogen und wird dann wertlos, wenn ein Mitbewerber nachzieht oder ein besseres Produkt auf den Markt bringt. UAP steht für *Unique Advertising Proposition*, also dafür, eine werbliche Alleinstellung anzustreben. Im Vergleich zum USP ist der UAP dauerhafter.

Selbst wenn die 3M-Produkte besser sind als die des Wettbewerbs, so fällt es doch sehr schwer, einen USP herauszustellen, der den Kunden verleitet, das Produkt zu kaufen. Gerade Software und auch die Begleitung bei der Einführung eines neuen Abrechnungssystem setzt *Vertrauen* voraus. Hier ist 3M Health Information Systems in der glücklichen Situation, über einen UAP zu verfügen.

Kein anderes Unternehmen in Deutschland kann 30 Jahre weltweite *DRG-Erfahrung* und zehn Jahre *DRG-Kompetenz* in Australien (das vor der Einführung stehende DRG-System basiert auf dem australischen) nachweisen. Ebenso kann kein Unternehmen mehr als fünf Jahre DRG-Erfahrung in Deutschland vorweisen. Zudem ist 3M Health Information Systems der einzige Anbieter, der das komplette Leistungsspektrum im Bereich der DRG-Einführung abdeckt: Benchmarking, Software und Training/ Consulting.

Die *Kompetenz*, auf allen Gebieten mit Fachleuten vertreten zu sein, sowie die jahrelange Erfahrung mit DRG-Systemen müssen in den Mittelpunkt aller kommunikativen Maßnahmen gestellt und emotional aufgearbeitet werden, um so die benötigte Vertrauensbasis bei den Kunden zu schaffen. Hieraus leiten sich die *Ziele* ab, die die N@ttworker für 3M Health Information Systems definiert haben.

3.7 Ziele

Es gibt verschiedene Arten von Zielen, z. B. quantitative Unternehmensziele wie jährliche Absatz- bzw. Umsatzziele, Wachstumsziele, Marktanteilsziele oder Kostenziele. Diese Ziele spielen auch bei 3M Health Information Systems eine große Rolle. Bei der Arbeit der N@ttworker standen in erster Linie *qualitative Ziele* im Vordergrund.

Gerade in Zeiten wachsenden Konkurrenzdrucks ist es unabdingbar, auch qualitative Ziele wie Image, Bekanntheitsgrad oder Corporate Identity anzustreben. Hier bietet sich die Möglichkeit zur Abgrenzung zum Wettbewerb, um somit die Grundlagen zur Erreichung der quantitativen Ziele zu legen. Selbstverständlich müssen alle Ziele mit den Unternehmenszielen konform sein.

Neben den *quantitativen Zielen* war es das Bestreben der Geschäftsleitung von 3M Health Information Systems, zukünftig den Kunden in den Mittelpunkt aller Maßnahmen zu stellen. Dieses berücksichtigend stellten die N@ttworker an den Anfang ihrer Arbeit eine Vision. Diese *Vision* fasst zusammen, welche Ziele 3M Health Information Systems zum 1. Januar 2003, dem Tag der Einführung des neuen Abrechnungssystems, basierend auf DRGs in Deutschland erreichen will:

- 3M Health Information Systems gilt als *der Experte* auf dem Gebiet von DRG-Software und DRG-Beratung.
- 3M Health Information Systems ist *Marktführer* auf dem Gebiet der DRG-Software.
- 3M Health Information Systems hat das *Image* eines kompetenten und kundenfreundlichen Partners der Krankenhäuser, Kliniken und Krankenkassen auf dem Gebiet der DRGs.

Der Weg zur Verwirklichung dieser Vision und damit zur Erreichung der Abteilungsziele führt nur über Customer Relationship Management (CRM). Ein weiterer wichtiger Erfolgsfaktor ist ein konsequentes Direktmarketing, das diese kundenfokussierte Philosophie in den Markt tragen und somit als Brücke zum Kunden dienen soll.

4. Customer Relationship Management und Direktmarketing als Brücke zum Kunden

4.1 Customer Relationship Management (CRM)

4.1.1 Definition von CRM

Customer Relationship Management ist als *ganzheitlicher* Ansatz zur Unternehmensführung zu sehen. Alle Personen, die Kundenkontakt haben, sind involviert, nicht nur das Marketing. Alle *kundenbezogenen Prozesse* sind zu optimieren und abteilungsübergreifend zu integrieren. Neben der Marketingabteilung betrifft dieses bei 3M Health Information Systems auch den Vertrieb, den Kundenservice, die Abteilungen Software und Benchmarking, die Abteilung Training/Consulting sowie nicht zuletzt die Geschäftsleitung.

Das *Ziel* von CRM ist die Schaffung von Mehrwerten sowohl auf Kunden- wie auch auf Lieferantenseite im Rahmen von Geschäftsbeziehungen, um so den Kunden für sein ganzes „Kundenleben" zu gewinnen.

Zusammengefasst heißt das: *CRM ist Kundenbindung, so wie die Kunden es sich wünschen.* Dies geschieht auf Grundlage einer Kundendatenbank (vgl. Kapitel 4.1.5.4) mit einer entsprechenden Software zur Marktbearbeitung.

Eine wichtige Maßeinheit für die Effizienz der Marketingaktivitäten ist der *Customer Lifetime Value* (CLV). Der CLV bestimmt den Wert eines Kunden. Der durchschnittliche Wert sollte in der Kundendatenbank hinterlegt und regelmäßig abgerufen werden.

Der durchschnittliche CLV wird hier definiert als Quotient aus dem „Gesamtbestellwert aller aktiven Kunden" und der „Gesamtzahl aller aktiven Kunden".

4.1.2 Notwendigkeit von CRM

Die Notwendigkeit von CRM wird deutlich, wenn man sich folgende Ergebnisse von Marktforschern vor Augen hält:

- 600 Prozent teurer ist es, neue Kunden zu gewinnen, als vorhandene zu halten.
- 300 Prozent größer ist die Wahrscheinlichkeit, dass sehr zufriedene Kunden nachbestellen im Vergleich zu „nur" zufriedenen Kunden.
- 100 Prozent (fast) ist die Wahrscheinlichkeit, dass sehr zufriedene Kunden zu den besten Werbeträgern eines Unternehmens werden.
- 5 Prozent weniger Kundenverlust können den Gewinn des Unternehmens um 85 Prozent steigern.

Ferner ist es eine Tatsache, dass negative Nachrichten über Anbieter sich im sozialen Umfeld durchschnittlich bis zu elf mal multiplizieren, positive dagegen nur durchschnittlich drei mal.

Die Lehre aus diesen Erkenntnissen ist: *Bedingungslose Kundenorientierung* lohnt sich. 3M Health Information Systems sollte daher auf sehr zufriedene Kunden allerhöchsten Wert legen.

4.1.3 Funktionen von CRM

Der Begriff Customer Relationship Management lässt – oberflächlich betrachtet – vermuten, dass hier nur die Kundenbindung im Mittelpunkt steht. Sicherlich spielt die zielgerichtete Kundenbindung eine ganz wichtige Rolle, jedoch bietet CRM in Verbindung mit dem Direktmarketing-Instrumentarium, systematisch angewendet, eine Reihe von *Funktionen* im Marketing und Vertrieb. Es deckt praktisch sämtliche Bereiche des Kundenkontaktes ab.

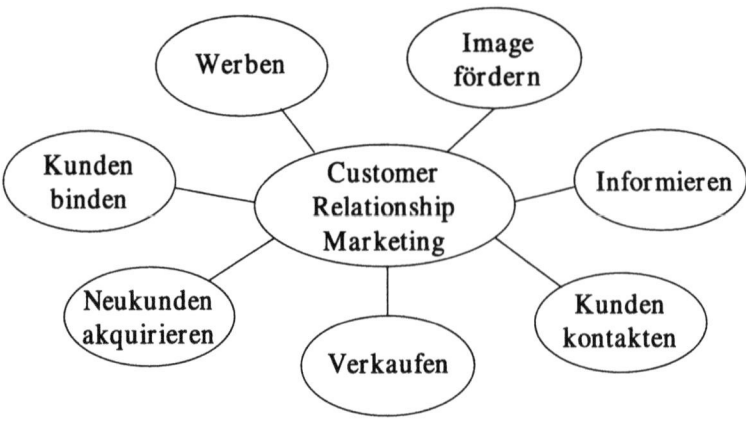

Abbildung 1: Funktionen des CRM

4.1.4 CRM in der Abteilung 3M Health Information Systems

Customer Relationship Management ist aus verschiedenen Gründen das ideale Instrument für die Abteilung 3M Health Information Systems.

Nur 2 200 Krankenhäuser und Kliniken in Deutschland stellen eine relativ kleine *Zielgruppe* in einem sehr begrenzten Markt dar, der zudem sehr transparent ist. Alle Adressen und wichtigen Ansprechpartner wie Verwaltungsleitung und ärztliche Leitung sind auf Datenträgern verfügbar.

Die *Transparenz* im Markt ist auch beim Wettbewerb gegeben. Im Bereich Benchmarking gibt es nur einen großen Wettbewerber, im Bereich Software kann man die wichtigen Mitbewerber an einer Hand abzählen.

Das entscheidende Argument für Customer Relationship Management ist, dass 3M Health Information Systems ganz genau weiß, wer Kunde ist. Egal ob Benchmarking- oder Software-Kunde, es gibt zwischen dem Kunden und 3M Health Information Systems einen Vertrag über die Zusammenarbeit. Demnach ist bei bestehenden Kunden auch der Ansprechpartner in den Häusern bekannt. Somit bestehen beste Voraussetzungen für eine *individuelle Ansprache* der bestehenden Kunden.

4.1.5 Voraussetzungen für CRM

Es lässt sich einfach sagen: „Ab heute steht der Kunde bei uns uneingeschränkt im Mittelpunkt, wir verfolgen die Strategie des Customer Relationship Management." Sehr viele, die von sich behaupten, sie würden absolut kundenorientiert arbeiten, tun dies bei genauerem Betrachten nicht. CRM erfordert einige Voraussetzungen. Wenn diese nicht erfüllt sind, wird es nahezu unmöglich sein, die Strategie zu perfektionieren und wirklich ausschließlich kundenfokussiert zu arbeiten. Die *Voraussetzungen*, die im Folgenden näher vorgestellt werden, sind im einzelnen:

- Unterstützung durch die Geschäftsleitung
- Koordination innerhalb der Abteilung
- Mitarbeiterschulungen
- Kundendatenbank
- Strategie & Marketingplan

4.1.5.1 Unterstützung durch die Geschäftsleitung

Da das Konzept der Nachwuchsagentur auf einem ganzheitlichen Ansatz aufbaut, ist es von besonderer Bedeutung, dass *alle Personen*, die Kundenkontakt haben, involviert sind, nicht nur die Marketingabteilung.

Eine besondere Rolle kommt in diesem Zusammenhang der *Geschäftsleitung* zu. Diese hat eine Vorbildfunktion, das heißt, die gesamte Geschäftsführung muss hinter dem Konzept stehen und alles dafür tun, damit eine erfolgreiche Umsetzung aller geplanten Marketing-Aktivitäten stattfinden kann.

Denn letztlich trägt die Geschäftsführung die Verantwortung. Ihr obliegt es sicherzustellen, dass neben dem Marketing auch Vertrieb, Kundenservice, die Abteilungen Benchmarking, Software sowie Training/Consulting bei der Realisation des Konzeptes „an einem Strang ziehen".

4.1.5.2 Koordination innerhalb der Abteilung

Das Ziel, dass alle „an einem Strang ziehen" sollen, setzt natürlich voraus, dass alle Marketing-Aktivitäten und Kundenkontakte sowohl inhaltlich als auch zeitlich *koordiniert* und *kommuniziert* werden. Es macht keinen professionellen Eindruck, wenn Promotion-Aktionen eingesetzt werden, aber der Kundenservice, welcher täglich im Kontakt zu Kunden steht, nicht unterrichtet wurde.

Für 3M Health Information Systems bietet sich daher ein sogenannter „Office-Tag" an. Jeden Montag sind sämtliche Mitarbeiter in der Zentrale vor Ort. Auswärtige Termine werden nur in absoluten Ausnahmefällen wahrgenommen. In einem rund zweistündigen Meeting wird der Status sämtlicher aktueller Projekte vorgestellt, sodass alle Mitarbeiter immer einen weitestgehend gleichen *Wissensstand* haben.

Generell liegt die *Koordination* in der Abteilung 3M Health Information Systems bei den internen Stellen Office Management, Market Development und Marketing. Hier laufen die Fäden für die Planung zusammen, somit sind auch diese Stellen für die Kommunikation in die gesamte Abteilung verantwortlich.

4.1.5.3 Mitarbeiterschulung

Eine CRM-Struktur ist nur so gut wie die Mitarbeiter, die diese Philosophie leben. Jeder *Mitarbeiter* muss CRM begreifen, muss wissen, was es bedeutet und wie er sich selbst in seinem Aufgabenbereich in diesen Prozess einbringen kann. Jedem Mitarbeiter muss ersichtlich sein, dass die Geschäftsleitung hinter dem Konzept steht und dass es keine Alternative gibt. Für eine erfolgreiche Umsetzung des Konzeptes sind daher umfangreiche Schulungsmaßnahmen notwendig, sowohl in fachlicher als auch in kommunikativer Hinsicht.

Fachliche *Schulungen*, z. B. interne Software-Schulungen und DRG-Theorie, stärken das Selbstbewusstsein, denn die Mitarbeiter können dem Kunden gegenüber kompetent auftreten. Je weniger Kunden weiterverbunden werden müssen, um eine Information per Telefon zu erhalten, desto besser. Auch die Abteilung insgesamt erhält ein kompetentes Image.

Für alle Mitarbeiter, die Kundenkontakt per Telefon haben, sind *Telefonseminare* unerlässlich. Hier lernen sie, wie Kunden am Telefon professionell angesprochen und mögliche Einwände behandelt werden.

Weiterhin können *Kommunikationstrainings* das Auftreten der Mitarbeiter gegenüber dem Kunden optimieren. Insbesondere für den Außendienst sind auch NLP-Trainings (Neurolinguistisches Programmieren) oder ein Einblick in die Welt der Insights-Analysen sehr hilfreich. Die Insights-Methode soll helfen, typenspezifische Verkaufsstrategien zu erkennen sowie Motive und Bedürfnisse zu verstehen und so dauerhafte und erfolgreiche Kunden- und Partnernetzwerke aufzubauen.

Mitarbeiter, die häufig vor Gruppen präsentieren, sei es vor Kunden oder Mitarbeitern, sollten die Möglichkeit erhalten, an *Präsentationstrainings* teilzunehmen.

Für neue Mitarbeiter ist ein *Einarbeitungsplan* von größter Wichtigkeit, der die Kundenfokussierung der Abteilung anspricht und darauf aufbauend das theoretische und praktische Wissen vermittelt. Vorgesetzte und Kollegen müssen über die Unternehmensphilosophie informieren und diese von Beginn an vorleben. Bereits beim Vorstellungsgespräch sollte das Thema „Der Kunde steht im Mittelpunkt" (Kundenfokussierung) angesprochen werden, denn nur Bewerber, die sich mit dieser Einstellung identifizieren, können langfristig zum Erfolg des Unternehmens beitragen.

4.1.5.4 Kundendatenbank

Die Kundendaten bzw. -adressen sind das wertvollste Kapital eines jeden Unternehmens. Erst das Vorhandensein dieser Informationen ermöglicht, mit den potenziellen sowie den bestehenden Kunden in Kontakt und somit in einen Dialog zu treten. Je mehr Hintergrundinformationen bekannt sind, desto *individueller* kann die Ansprache oder das Angebot sein. Dies wiederum erhöht die Chance, dass aus einem Interessenten ein

Kunde und aus einem Kunden ein Stammkunde wird, denn diese wollen gezielt und individuell angesprochen werden.

Bislang existierten Kundendaten bei 3M Health Information Systems nur in diversen Excel-Tabellen. Hinzu kam, dass die Bereiche Benchmarking und Software getrennte Aufstellungen über ihre Kunden führten. Eine zielgerichtete Kundenentwicklung, die Synergieeffekte ausnutzt, war so nicht möglich.

Der Aufbau einer *Kundendatenbank* erhielt somit die höchste Priorität. Alle zukünftigen Maßnahmen stützen sich auf eine Kundendatenbank. Generell galt es, einige *Grundsätze* vor der Einführung der Datenbank zu berücksichtigen:

- Keine Kompromisse eingehen: Die Kundendatenbank soll nur für die Abteilung 3M Health Information Systems entwickelt werden, d. h. ausschließlich für diese Abteilung nutzbar sein.

- Erst den Informationsbedarf festlegen, dann die Datenbank auswählen – nicht umgekehrt!

- Ressourcen schaffen zur Pflege der Datenbank – Bestimmung eines Datenbank-Administrators.

Bevor 3M Health Information Systems den Inhalt der Datenbank festlegen konnte, galt es zunächst, *technische Mindestanforderungen* zu definieren, die die neue Datenbank auf jeden Fall erfüllen sollte:

- Netzwerkfähigkeit
- Relationale Datenbankstruktur
- Erinnerungssoftware zur Überwachung der Vertragslaufzeiten
- Vernetzung zu anderen 3M-Systemen
- Schnelle Verfügbarkeit, einfache Bedienung
- Schnittstellen zu diversen Microsoft-Office-Programmen für Mailings
- Uneingeschränkte Selektionsmöglichkeiten (und/oder Verknüpfungen)
- Erweiterbares System
- Zukünftig Call-Path-fähig (d. h. der Datensatz eines Anrufers kommt automatisch auf den Bildschirm des Gesprächspartners bei 3M und ermöglicht so eine absolut individuelle, persönliche Ansprache des Kunden – vgl. Kapitel 4.2.2.1)

Nachdem diese Voraussetzungen erfüllt waren, galt es, den *Inhalt* festzulegen. Zu Beginn war die Erstellung eines auf die Bedürfnisse von 3M Health Information Systems abgestimmten Nutzungskonzeptes erforderlich. Eine *Informationsbedarfs-Analyse* mit der Festlegung der für das Unternehmen speicherrelevanten Informationen steht an erster Stelle.

Damit die Datenbank ihren Zweck erfüllt, müssen Informationen, welche durch den Dialog mit dem Kunden gesammelt wurden, *kontinuierlich* festgehalten werden. Durch eine zielgruppenspezifische Ansprache wird der Aufbau eines *dynamischen Kundendialogs* ermöglicht, welcher auf sämtliche Kommunikations-Instrumente übertragen werden kann. Durch diesen integrierten Einsatz können Synergieeffekte zwischen den einzelnen Kommunikations-Instrumenten erreicht werden. Im Falle von 3M Health Information Systems galt es zu beachten, dass die Abteilungen Benchmarking und Software unterschiedliche Anforderungen an eine Datenbank haben. Alle Anforderungen mussten berücksichtigt und dem Kunden zugeordnet werden.

Im Allgemeinen werden Grunddaten, Aktions-/Reaktionsdaten und Potenzialdaten gespeichert. *Inhalt* und *Aufbau* einer Datenbank der Abteilung Health Information Systems von 3M lassen sich folgendermaßen gestalten:

Grunddaten:
Hier sind die *Kundenstammdaten* anzulegen. Bei Krankenhäusern und Kliniken sind das z. B. Adresse, Trägerschaft, Ansprechpartner, Verwaltungsleitung und ärztliche Leitung mit Funktionen, Name des DRG-Beauftragten, ggf. persönliche Informationen zu Ansprechpartnern, Telefon, Fax, E-Mail, Internetadresse, Art des Krankenhaus-Informations-Systems (spezielle Krankenhaus-Software), Anzahl Betten, Region, ggf. 3M Key-Account.

Es ist wichtig, die Stammdaten regelmäßig zu pflegen, da die Validität der Adressen für den Erfolg von Marketingaktivitäten von größter Wichtigkeit ist.

Aktions-/Reaktionsdaten:
Diese beinhalten sämtliche *Kontaktinformationen* wie z. B. Kontaktdatum, Kontaktart (Telefon, Besuch, Messebesuch, E-Mail etc.), Angebotsdokumentation, Reklamationen, Mahnungen, Bonitätsdaten, Kaufdatum, Ablehnungsgründe etc.

Die Datenbank soll ermöglichen, den gemeinsamen Weg mit dem Kunden nachvollziehen zu können, um dessen Gewohnheiten und Vorlieben zu erkennen und entsprechende Strategien zur Bindung und zum Ausbau des Kunden zu entwickeln. Die Datenbank sollte so aufgebaut sein, dass sich verfolgen lässt, wie der Konversionsprozess vom Interessenten zum Kunden über die Zeit verläuft und durch welche Marketingaktivitäten dies bewirkt worden ist. Dieses sind wichtige Erkenntnisse für die Marketing- und Verkaufsabteilung zur Planung zukünftiger Marketingaktivitäten.

Potenzialdaten:
Hier handelt es sich um Daten wie Umsatz-/Bestellvolumen pro Jahr. Wie viele 3M-Software-Produkte hat der Kunde im Einsatz? Nimmt der Kunde an 3M Benchmarking-

Projekten teil? Nutzung von Konkurrenzprodukten, Kundenwert (Life-Time-Value), Clusterung in ABC-Kunden etc.

Potenzialdaten sind sehr wichtig, um den *Wert eines Kunden* festzustellen und eine Einteilung z. B. nach ABC-Kunden vorzunehmen. Je nach Wert eines Kunden ist eine angemessene Strategie zu wählen.

Es wäre wenig effizient, lediglich Daten zu sammeln, wenn diese am Ende nicht auch zielgerichtet eingesetzt werden. Mit Hilfe der Datenbank sollte sich ein Kunden-Loyalitäts-Portfolio erstellen lassen, mit dessen Hilfe wiederum Marktstrategien abgeleitet werden können. Das abgebildete Portfolio stützt sich auf die Vier-Felder-Matrix der Boston Consulting Group (siehe Abbildung).

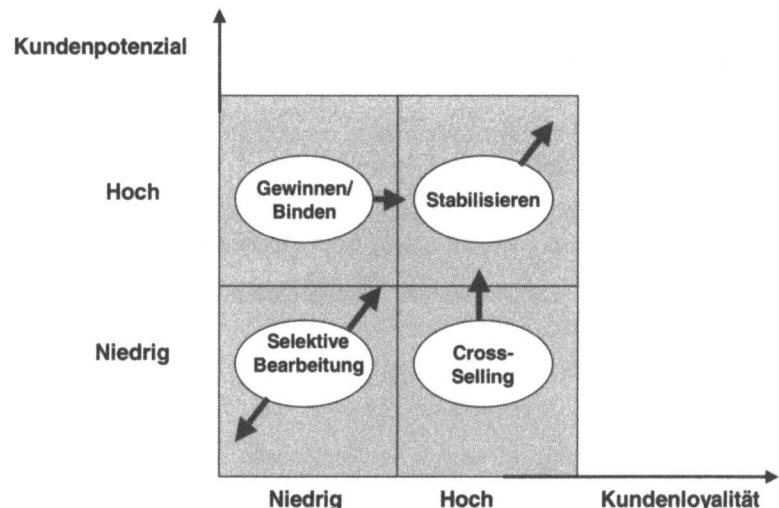

Abbildung 2: Kunden-Loyalitäts-Portfolio

Kunden mit hohem Potenzial und hoher Loyalität sind sicherlich anders anzusprechen und zu behandeln als Kunden mit niedrigem Potenzial und niedriger Loyalität.

Generell bleibt festzustellen, dass eine Kundendatenbank nicht nur für den zielgruppenspezifischen Einsatz geeignet ist, sondern gerade im *Customer Relationship Management* besonders für den individuellen Einsatz, zum Beispiel bei der Erstellung eines maßgeschneiderten Angebots für einen Kunden.

4.1.5.5 Strategie und Marketingplan

Jedes Unternehmen und jede einzelne Abteilung braucht ein *Ziel*, auf das sie hinarbeiten können. Deshalb ist es äußerst wichtig, dieses Ziel am Anfang eines Geschäftsjahres zu definieren. Wie bereits in Kapitel 3.7 erwähnt, gibt es sowohl qualitative wie auch quantitative Ziele. Ganz gleich, welche Ziele man sich vornimmt, es ist wichtig, dass diese Ziele realistisch sind.

Die Zielfindung und -formulierung ist der erste und wichtigste Schritt vor der Erstellung einer Marketingstrategie. 3M Health Information Systems verfolgt das Ziel, Kunden über Benchmarking sowie Training/Consulting für Software-Produkte zu gewinnen.

Ein *Marketingplan* ist für eine strukturierte und erfolgreiche Arbeitsweise unverzichtbar. Bereits hier wird festgelegt, welche Marketing-Maßnahmen den Weg zur Zielerreichung ebenen sollen. Ferner wird eine zeitliche Abstimmung der Maßnahmen für die einzelnen Bereiche Benchmarking, Training/Consulting und Software festgelegt.

Folgende *Bestandteile* sollte ein Marketingplan für 3M Health Information Systems enthalten:

- Allgemeiner Teil (Vision, Forecast, Organisation der Abteilung, Kernaussagen, Der Weg zum Ziel: Customer Relationship Management)
- Marktanalysen/Situationsanalyse (DRG-Situation in Deutschland, Leistungsspektrum von 3M Health Information Systems, Wettbewerbsanalysen)
- Marktsegmentierung und Kundenanalyse (Kundendatenbank als Basis, Key Account-Liste, Referenzlisten, Zielgruppen)
- Strategien und Taktiken (Allgemeine Marketing-Strategie, zielgruppenspezifische Strategien, Marketing-Mix, Direktmarketing-Instrumente)
- Promotion Mix (Mediaplanung, Messen & Veranstaltungen)
- Kritische Punkte / Schlüsselfaktoren für den Erfolg
- Budget
- Zeitplanung

Der Marketingplan sollte nach Fertigstellung zur *Pflichtlektüre* für alle Mitarbeiter der Abteilung ausgegeben werden, denn er umfasst die kompletten Informationen über Status Quo, das Ziel und den Weg zur Zielerreichung der Abteilung. Nicht zuletzt erklärt der Plan, was sich hinter Customer Relationship Management verbirgt und wie diese Philosophie umgesetzt werden soll.

4.1.6 Umsetzung von CRM

Customer Relationship Marketing ist eine sehr komplexe Philosophie, die man nicht von einem Tag auf den anderen einführen kann. Es ist ein *Prozess*, der schrittweise implementiert werden muss. Die Einführung der in Kapitel 4.1.5 genannten Voraussetzungen bildet die Grundlage, auf der sich CRM erfolgreich etablieren lässt.

CRM ist ein kreativ zu begleitender Prozess, das heißt, 3M Health Information Systems muss permanent die Kundenzufriedenheit analysieren. Einmal ein System eingeführt zu haben, bedeutet nicht, dass die Kunden auf Dauer zufrieden sind. 3M muss sich fortwährend in die Lage des Kunden versetzen. Dann fällt es leichter, Kundenwünsche zu verstehen und entsprechende Maßnahmen einzuleiten. Dieser Prozess kann nur dann erfolgreich sein, wenn *alle* Mitarbeiter den Sinn der „Kundenorientierung" verstehen und diesen auch im Arbeitsalltag „leben".

Wenn ein Kunde ein Produkt von 3M gekauft hat, soll er so professionell betreut werden, dass er auf dem Sektor DRG nur noch 3M-Produkte kauft und sich nur bei 3M fortbildet. Das heißt, zum einen müssen neue Kunden *geworben* und zum anderen – und hier liegt der Schwerpunkt der vorgestellten Marketingkonzeption – diese Kunden an das Unternehmen *gebunden* werden.

Der Schlüssel zur Umsetzung der CRM-Philosophie liegt im *Direktmarketing*. Bislang verzichtete 3M Health Information Systems auf Agenturunterstützung. Diese war im Rahmen des Benchmarking bislang auch nicht erforderlich. Die Vermarktung von Software dagegen ist ein Massengeschäft. Die N@ttworker empfehlen daher, eine professionelle Direktmarketing-Agentur zu beauftragen, die bei nahezu allen geplanten Maßnahmen die Qualität des Abteilungsauftritts garantiert und zusätzlich Ressourcen in der Abteilung freisetzt.

4.2 Direktmarketing als Brücke zum Kunden

4.2.1 Bedeutung von Direktmarketing für 3M Health Information Systems

Im Laufe der letzten Jahre haben sich viele Unternehmen vom Massenmarketing über das Marktlücken- und Marktnischenmarketing zum Direktmarketing bewegt. Sie haben erkannt, dass der wichtigste Erfolgsfaktor der Kunde ist. Diesen gilt es nun zu identifizieren und mit Hilfe von Direktmarketing-Maßnahmen zu betreuen.

Direktmarketing ermöglicht es, einen Dialog mit Kunden aufzubauen, diese dabei kennen zu lernen und vor allem zu erfahren, was sie wünschen. Auf diese Weise wird eine *Bindung* aufgebaut, welche sich *am Kunden orientiert*. Man spricht daher auch vom *Kundenbindungsmanagement*, *Relationship-Marketing* und *Loyalty-Marketing*.

Durch Direktmarketing können im Sinne einer zielgerichteten Ansprache auch kleinere *Marktnischen* beworben werden. Auf diese Weise werden Streuverluste vermieden und *Kosten gespart*. Neben der Verringerung der Ausgaben kann anhand dieser genauen Auswahl der Zielgruppe auch die Ansprache an die Kunden *individueller* gestaltet werden. Diese Vorgehensweise verspricht einen *höheren Wirkungsgrad* einer Marketing-Aktion.

Einer der Hauptvorteile des Direktmarketing ist die *Messbarkeit* des Erfolges. Durch die eingegangenen Rückmeldungen (Response) lässt sich schon nach kurzer Zeit absehen, ob eine Aktion den gewünschten Erfolg erbracht hat. Auf diese Weise lassen sich künftige Werbemaßnahmen *rentabler* gestalten.

Der immer stärker werdende Einsatz von Direktmarketing-Aktionen ist auch auf die vielen Vorteile zurückzuführen, die eine zielgruppenspezifische Ansprache bietet. So eignen sich Direktmarketing-Aktionen hervorragend als Mittel zur *Kundengewinnung*, indem durch persönlich adressierte Mailings potenzielle Kunden auf das eigene Produkt aufmerksam gemacht werden. Bestehende Kunden können beispielsweise durch gezielten Katalogversand mit Bestellformular zum Neukauf oder Cross-Selling motiviert werden. Zudem erhalten kleine Geschenke – Mailings mit Incentive – die Freundschaft.

Auch *Einladungen* zu verschiedenen Events, Messen, Seminaren, Schulungen etc. sind Bestandteil des Direktmarketings, sobald das Einladungsschreiben ein Responseelement, z. B. in Form eines Antwortfaxes, enthält. Letzteres ist gerade für die Organisation von Veranstaltungen unerlässlich.

Ebenso können Aufgaben der klassischen Kommunikation, wie die *Bekanntheits- und Imageförderung*, mit Hilfe von Direktmarketing-Instrumenten wahrgenommen werden. So kann beispielsweise die Bekanntgabe von *Produktneuheiten*, positiven Testergebnissen (Stiftung Warentest etc.) über Newsletter, Kundenzeitschriften oder auch über redaktionelle Beiträge mit Kontaktmöglichkeiten (Angabe von Hotline, E-Mail-Adresse etc.) erfolgen.

Direktmarketing ist also für das „In-Kontakt-treten" sowie für das „In-Kontakt-bleiben" mit potenziellen und bestehenden Kunden hervorragend geeignet.

Aufgrund der oben aufgeführten Möglichkeiten und Vorteile von Direktmarketing lässt sich im Hinblick auf die Ziele von 3M folgendes *Fazit* ziehen, welches den Einsatz von Direktmarketing bei 3M klar rechtfertigt:

- Mit Hilfe von kundenorientierten Direktmarketing-Maßnahmen kann eine *Bindung* zwischen 3M und den bestehenden Kunden aufgebaut werden.
- Direktmarketing ermöglicht zudem die *Kontaktpflege*, sodass auch nach dem Kauf der DRG-Software eine Verbindung zu 3M bestehen bleibt, z. B. durch Kundenzeitschriften oder Seminare.

- Der *Bekanntheitsgrad* kann ebenfalls durch den Einsatz von Direktmarketing-Aktivitäten gefördert werden. Diese Maßnahmen helfen bei der *Gewinnung neuer Kunden.*

- Mit Hilfe der Zielgruppensegmentierung können Streuverluste vermieden werden – dies bedeutet *Kosten sparen.*

Mit der Frage, welche (Direkt-) Marketing-Maßnahmen dafür geeignet sind, haben sich die N@ttworker im Folgenden nachhaltig beschäftigt.

Dabei wurde viel Wert auf eine genaue Abstimmung der Marketing-Instrumente gelegt. Das Prinzip der „Kundenorientierung" spielte ebenfalls eine große Rolle.

4.2.2 Direktmarketing-Instrumente

Einen Überblick über die Instrumente und Medien, die das Unternehmen in seiner Direktmarketing-Strategie umsetzen kann, gibt die Abbildung 3.

Abbildung 3: Direktmarketing-Instrumente

4.2.2.1 Telemarketing

Als *Telefonmarketing* bezeichnet man den Teil des persönlichen Verkaufs, der sich der kundenbezogenen Kommunikation mittels Telefon bedient. Es umfasst den reinen Telefonverkauf und die telefonische Übermittlung von Informationen.

Telemarketing kann sowohl in der Abteilung selbst wie auch durch externe Call-Center durchgeführt werden. Durch neue Techniken, die ein computerunterstütztes Telefonieren ermöglichen, ergeben sich für 3M in Zukunft *neue Perspektiven*.

Mit Hilfe einer entsprechenden Software kann ein sogenannter *Call-Path* eingerichtet werden. Dieser ermöglicht mittels einer Verbindung zur Datenbank, dass bei jedem eingehenden Telefonanruf Informationen über die anrufende Person auf dem Bildschirm erscheinen. Auf diese Weise ist der 3M-Mitarbeiter sprichwörtlich immer über den Anrufer „im Bilde". Umgekehrt hat der Mitarbeiter bei der Anwahl eines Interessenten alle wissenswerten Informationen, die für das Telefonat wichtig sein könnten, vor sich oder nur einen „Klick" weit entfernt.

Eine entsprechende Software sollte folgende *Eigenschaften* beinhalten:

- Zugriff auf die Adressdatenbank
- Interessenten-/Entscheiderhistorie auf dem Bildschirm
- Skript und/oder Argumentationshilfen auf dem Bildschirm
- Vorausschauende Anwahl
- Automatischer Terminkalender
- Wiedervorlageliste für die vereinbarten nächsten Telefonkontakte
- Schnittstelle zu Telefax
- Schnittstelle zu weiteren Softwaremodulen, z. B. Textverarbeitung

Das Call-Path-System kann vor allem *intern* wertvolle Dienste leisten. Bei dem Thema DRG handelt es sich um eine sehr komplexe Problematik. Ein Verkauf von Dienstleistungen oder Software über *externe* Call-Center bietet sich daher für 3M Health Information Systems nicht an. Allerdings kann ein solches Call-Center für die *Adressqualifizierung* in der Datenbank wertvolle Dienste leisten, also beispielsweise in Erfahrung bringen, wer in den Krankenhäusern für die DRG-Einführung hauptverantwortlich ist. Eine solche Information lässt sich aus Standard-Adresslisten nicht entnehmen.

Kundenorientiertes Marketing und Direktmarketingmaßnahmen sind dann besonders erfolgreich, wenn der Ansprechpartner bekannt ist und möglichst viele Informationen über die Person vorliegen.

4.2.2.2 Informationsmaterialien

Grundsätzlich ist im Sinne von *Corporate Identity* (CI) und *Corporate Design* (CD) von 3M Health Information Systems darauf zu achten, dass auch bei den Informationsmaterialien durchgängig ein einheitliches Layout benutzt wird, um den Wiedererkennungswert zu sichern. Bislang fehlte 3M Health Information Systems ein solch einheitlicher Auftritt im Markt. Ein wichtiger Schritt ist also, für sämtliche Informationsmaterialien ein entsprechendes Layout zu entwerfen.

Auf allen Materialien (Prospekten, Broschüren etc.) sollte die Kontaktadresse aufgeführt sein (zusammen mit der Anschrift, der Internet-Adresse, E-Mail-Adresse, Fax- und Telefon-Nummer). Den Kunden soll es möglichst einfach gemacht werden, mit 3M in Verbindung zu treten, daher sollten immer mehrere *Responsewege* angeboten werden.

Da der Aufklärungsbedarf über die neue Abrechnungssoftware DRG innerhalb der Krankenhäuser zur Zeit sehr groß ist, sollte 3M Health Information Systems eine professionell gestaltete *Aufklärungsbroschüre* herausgeben. Dadurch kann das Unternehmen seine Kompetenz und Erfahrung auf diesem Gebiet herausstellen und sich als Partner der Krankenhäuser auf dem Weg zu DRGs positionieren. Eine andere Möglichkeit besteht in der Herausgabe einer kleinen 3M-DRG-Info-Fibel, welche die wichtigsten Begriffe rund um DRGs anschaulich erklärt.

Eine weitere serviceorientierte Lösung wäre die Herausgabe einer Gesamtbroschüre mit allen *Ansprechpartnern* (mit Foto) und der Darstellung des gesamten *Leistungsspektrums* von 3M Health Information Systems. Sowohl Benchmarking als auch Software sowie Schulungen und Trainings könnten in dieser Broschüre dargestellt werden. Zusätzlich könnte hier der Komplettservice, den 3M Health Information Systems als einziges Unternehmen in Deutschland bietet, herausgehoben werden.

Für welche Variante sich das Unternehmen auch entscheiden wird – wichtig ist, dass bei der Erstellung der Infomaterialien die CI-Richtlinien berücksichtigt werden und die Gestaltung aller Unterlagen von Profis, also einer beauftragten Agentur, umgesetzt wird.

4.2.2.3 Anzeigen

Auch Response-Anzeigen sind im Portfolio der vorgeschlagenen Direktmarketing-Instrumente für 3M Medica enthalten. Sie verhelfen zu einem höheren *Bekanntheitsgrad* im relevanten Zielmarkt, denn durch Insertionen in Fachzeitschriften kann eine große *Reichweite* erzielt werden, und vor allem können jene Zielpersonen erreicht werden, die noch nicht im Adressen-Pool der 3M Medica enthalten sind. Direkt angebotene (am besten unterschiedliche) Response-Varianten machen es den potenziellen Kunden besonders leicht, zu reagieren und aktiv den Kontakt zu 3M aufzunehmen. Danach kommt die Kompetenz des 3M-Teams zum Zuge.

Um allerdings diese gewünschte Reaktion des Rezipienten zu erhalten, muss die Aussage, der Informationsgehalt und das Layout der Anzeigen stimmig und ansprechend sein. Die N@ttworker haben für die 3M Medica drei unterschiedliche *Anzeigenvarianten* vorgeschlagen und entworfen:

- Imageanzeigen
- Produktanzeigen
- Einladungsanzeigen zu Schulungen/Trainings

Sinn und Zweck der *Imageanzeigen* soll es vorrangig sein, den Namen 3M Medica in der Branche unabdingbar mit dem Begriff der „DRG" zu verbinden. Sie wollen die Kompetenz und Erfahrung, die 3M Medica seit vielen Jahren auf diesem Gebiet hat, betonen und nach außen tragen. Kompetenz und Erfahrung werden dabei als USP des Unternehmens kommuniziert. Er hat bei allen Anzeigentypen seinen festen Platz und Wortlaut.

Im Mittelpunkt der *Produktanzeigen* stehen die Software-Produkte von 3M. In einer kurzen Textpassage erfährt der Betrachter, um welche Software es sich handelt. Auch hier werden USP kommuniziert und entsprechende Response-Varianten angeboten.

Da 3M Medica regelmäßig *Fachschulungen* und Trainings für Krankenhauspersonal durchführt und diese Maßnahmen unter anderem der Profilierung am Markt gelten, steht deren Bekanntmachung im Vordergrund des dritten Anzeigentyps. Die Zielpersonen werden auf die Veranstaltungen von 3M Medica aufmerksam gemacht und dazu eingeladen, sich mit Hilfe der Seminare auf die Einführung des neuen Abrechnungssystems vorzubereiten. Eine Tip-on-Card ermöglicht den Interessenten, weitere Informationen sowie eine Terminübersicht anzufordern.

Die *Response-Möglichkeit* ist das Entscheidende an den Anzeigen im Direktmarketing. Es gilt die Prämisse, dass die Reaktion und Kontaktaufnahme den angesprochenen Zielpersonen stets so einfach wie möglich gemacht werden muss. Aus diesem Grund wurden die Produkt- und Seminaranzeigen zusätzlich mit einer *Tip-on-Card* ausgestattet, die der interessierte Leser nur abzunehmen braucht, um seine gewünschten Informationen anzukreuzen und sie schließlich zu 3M Medica zu senden. Kundenfreundlicher Service an dieser Stelle ist, wenn das Porto vom Unternehmen getragen wird. Analog dazu kann auch eine gebührenfreie Hotline eingesetzt werden, über die weitere Informationen abgefragt werden können. Als besonders einprägsame Rufnummer bietet sich eine sogenannte *Vanity-Nummer* an, in diesem Fall beispielsweise „CALL DRG".

Die *Layouts* aller Anzeigen entsprechen immer einem festen Grundschema, wobei die inhaltlichen Aussagen je nach Thema variieren:

- Provokative Headline
- Emotionales Bild
- Themenbezogene Informationen (kurz und prägnant)
- USP
- Response-Element(e)

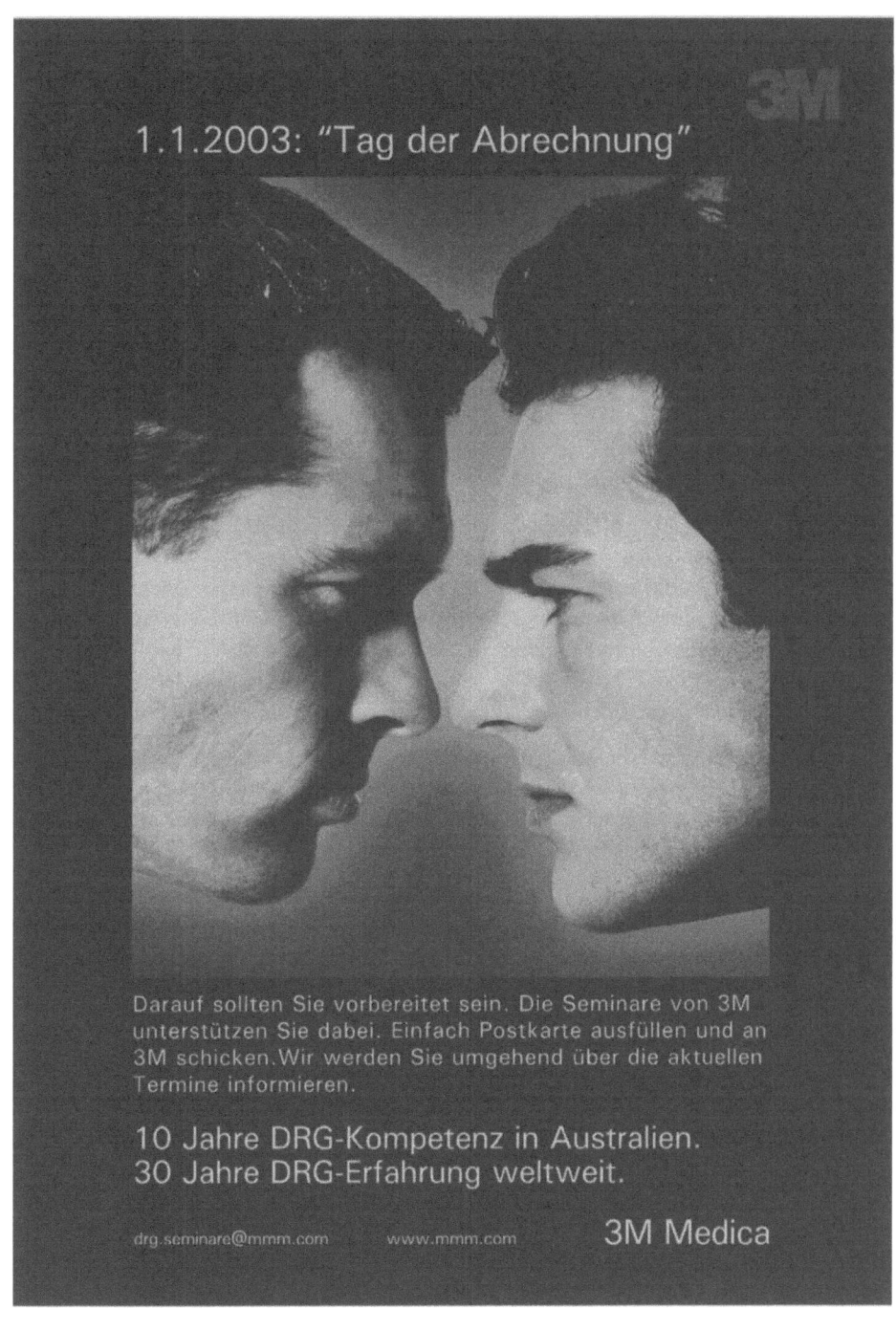

Abbildung 4: Einladungsanzeige für Schulungen/Trainings

Plakative und kontrastreiche *Farbgebung* erhöhen die Aufmerksamkeit der Print-Elemente von 3M Medica. Für den Hintergrund wurde schwarz gewählt, die Typografie ist gradlinig und serifenlos. Neben der weißen Schrift springt das rote 3M-Logo dem Betrachter sofort ins Auge. Ein knapper und aussagekräftiger Text ermöglicht dem Leser, sofort den Inhalt der Anzeige zu erfassen.

Die *Wirkung* der Anzeigen entsteht in erster Linie durch die Kombination eines emotional ansprechenden Bildes mit der provokanten Headline. Entsprechend der altbekannten AIDA-Formel wird zunächst Aufmerksamkeit erregt und Interesse geweckt. Schließlich soll der Wunsch entstehen, sich einem kompetenten und führenden Unternehmen anzuvertrauen, was letztendlich die gewünschte Reaktion Wirklichkeit werden lässt, nämlich, dass der interessierte Leser den Kontakt zu 3M Medica aufnimmt. Dafür stehen ihm dann mindestens zwei alternative Wege offen, zusätzlich zur Internetadresse, die für eine nähere Betrachtung unverzichtbar ist.

4.2.2.4 Internet

In der heutigen Zeit setzt der Kunde schon fast voraus, dass er sich im Internet über das Leistungsspektrum eines Lieferanten informieren kann. 3M Health Information Systems war nur mit einer Kurzbeschreibung im Rahmen der Homepage der 3M Medica vertreten, das heißt, es existierte keine eigene Homepage. Die Erstellung eines professionellen *Internetauftritts* innerhalb kürzester Zeit besaß somit eine hohe Priorität.

Um eine erfolgreiche Internetpräsenz aufzubauen, sind Fachleute gefragt: eine Agentur, die beratend zur Seite steht und den Auftritt letztendlich umsetzt. Bei der Planung des Auftritts stand die kurzfristige Realisierung im Vordergrund. Trotz der schnellen Umsetzung müssen einige wichtige *Grundregeln* beachtet werden.

Ziel des Internetauftritts ist der Aufbau einer langfristigen, effizienten und ertragreichen Kundenbeziehung.

3M Health Information Systems bewegt sich im *Business-to-Business-Bereich*, somit standen zunächst Funktionalität und Inhalt im Vordergrund. Der erste Eindruck ist oft schon darüber entscheidend, ob der Besucher auf der Seite verweilt oder diese erneut besucht. *Gründe*, die einen Besucher wiederkommen lassen, sind in erster Linie folgende:

- seine Interessenlage wird getroffen
- einfache Navigation
- Schnelligkeit beim Aufbau der Seiten
- ansprechende Optik

Soweit die theoretischen Vorgaben der N@ttworker. Im Folgenden wird dargestellt, wie 3M Health Information Systems das Konzept kurzfristig in die Tat umsetzte.

Die abgebildete *Einstiegsseite* von 3M Health Information Systems bietet dem Kunden diese Grundvoraussetzungen. Es ist sofort sehr klar, dass es um die Einführung des DRG-Systems in Deutschland geht, die Navigation ist bewusst einfach und übersichtlich gehalten. Durch den Verzicht auf aufwändige Flash-Animationen oder dergleichen baut sich die Seite sehr schnell auf. Eine Beurteilung der Optik erfolgt natürlich unter subjektiven Gesichtspunkten, jedoch bestätigten Kunden, dass 3M Health Information Systems trotz der Zwänge durch Firmen-Guidelines ein ansprechendes Design gefunden hat.

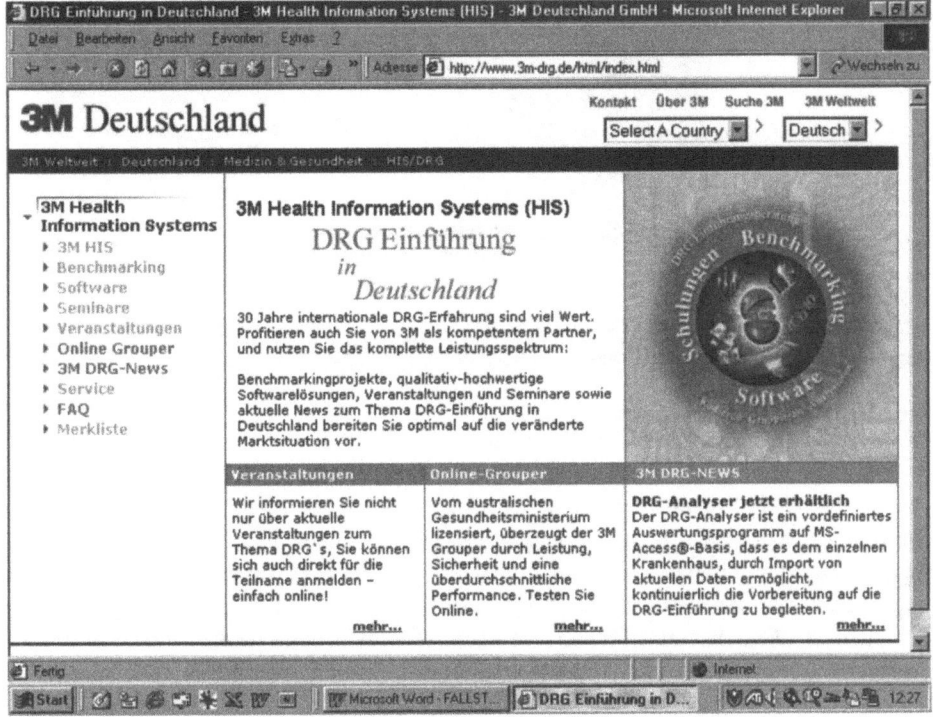

Abbildung 5: Bereits umgesetzte Homepage 3M Health Information Systems

Wenn diese Essentials erfüllt sind, dann zählt allerdings nur noch der *Inhalt*.

3M Health Information Systems zeigt dem Kunden in übersichtlicher Form das komplette *Leistungsspektrum*. Von Benchmarking über Software und Seminare bis hin zu Veranstaltungen findet der Kunde auf dieser Seite mit wenigen Mausklicks alle gewünschten Informationen über sämtliche Dienstleistungen und Produkte.

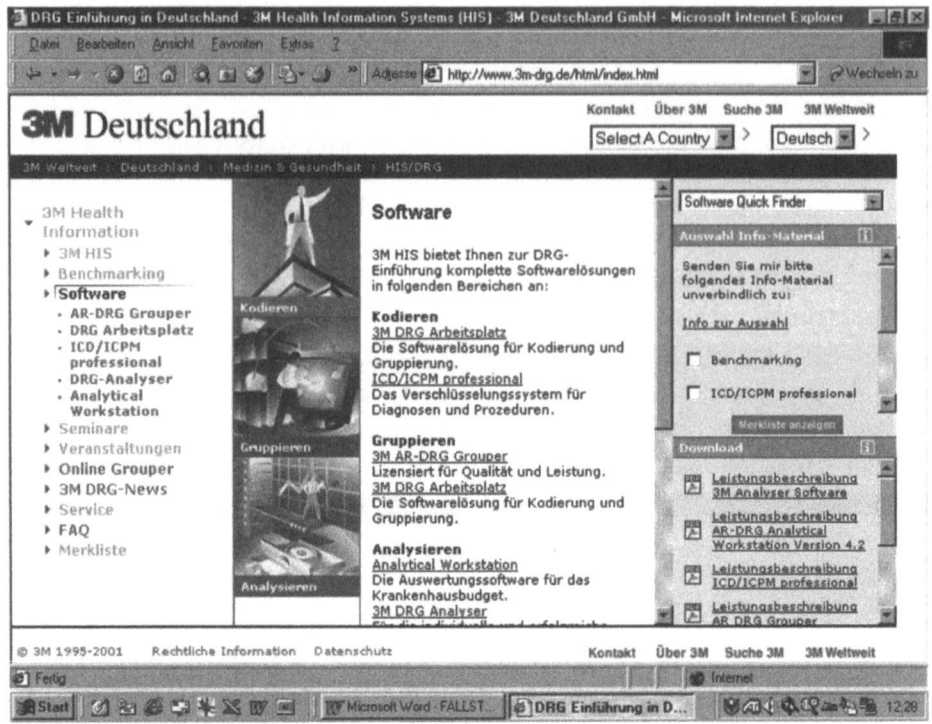

Abbildung 6: Einführungsseite DRG-Software

3M war es sehr wichtig, den Kunden fortwährend über Neuigkeiten von 3M zu informieren. Um dieses zu gewährleisten, wurde der Bereich *3M-DRG-News* eingerichtet. Die aktuellste Meldung erscheint immer auf der Homepage und wird in sehr kurzen Abständen gepflegt, um dem Kunden beim Besuch der Seite zu signalisieren, dass der Auftritt nicht statisch ist, sondern regelmäßig und kurzfristig aktualisiert wird.

Der Kunde kann sich auf der Seite schnell und umfassend informieren. Sämtliche Beschreibungen lassen sich per Download leicht herunterladen, weitere Informationen mit wenigen Mausklicks direkt von 3M Health Information Systems anfordern.

Zur *Anmeldung* zu Seminaren und Veranstaltungen kann der Kunde einfach sein Interesse signalisieren und die Anzahl der Personen eintragen, die eventuell an der Veranstaltung teilnehmen möchten. Anschließend setzt sich 3M umgehend mit den Kunden zu einer konkreten Terminabsprache in Verbindung.

Direktmarketing bedeutet, mit dem Kunden einen *fortwährenden Kontakt* aufzubauen und ihn zu Reaktionen zu animieren. Voraussetzung ist, dieses dem Kunden so einfach wie möglich zu machen. Nicht nur die Anmeldung zu Seminaren ist bewusst einfach gehalten, sondern auch die Anforderung von Informationsmaterialien. Über die Kontaktseite kann der Kunde individuelle Fragen oder Anregungen anbringen, auf die 3M Health Information Systems möglichst zeitnah, in der Regel innerhalb der nächsten 24 Stunden, reagiert.

Der *USP* von 3M Health Information Systems, die Kompetenz und Erfahrung auf dem Gebiet der DRG sowie einen Komplettservice, quasi „Alles aus einer Hand", bieten zu können, wird bereits auf der ersten Seite deutlich herausgestellt.

Die Möglichkeit, den 3M-Grouper online testen zu können, gibt den Besuchern die Chance, die theoretischen Information sofort auszuprobieren, und schafft so ein wichtiges *interaktives* Element.

Die Serviceseite mit wichtigen *Links* zu DRG-Foren sowie öffentlichen Stellen, wie dem Bundesgesundheitsministerium oder der Deutschen Krankenhausgesellschaft, runden den Auftritt ab. Neben den Informationen über die 3M DRG-Aktivitäten wird dem Kunden die Gelegenheit gegeben, sich über die aktuelle Situation im Rahmen der DRG-Einführung in Deutschland zu informieren.

Die erste Phase des Online-Starts von 3M Health Information Systems wird abgeschlossen durch die Generierung von *Traffic*. Hier entwickelten die N@ttworker eine Reihe von Vorschlägen, die zügig in die Tat umgesetzt wurden:

- Einrichten von *Links* von führenden DRG-Seiten im Internet (DRG-Foren, Deutsche Krankenhausgesellschaft, 3M-Partnern wie Hersteller von Krankenhaus-Informations-Systemen).

- Verlinken von den 3M Health Information Systems-Seiten *weltweit*, den Seiten der 3M Deutschland GmbH und der 3M Medica.

- Bekanntgabe der *Adresse* auf sämtlichem Schriftverkehr (im Brief als PS oder durch Aufkleber auf den Briefen).

- Anbringen der Adresse am portablen *Messestand*.

- Aufbringen der Adresse auf sämtlichen *Informationsmaterialien* und Produkten (Broschüren, CDs, Anzeigen, Give-aways wie Kugelschreiber und Post-it-Blocks).

- Einrichten von *Suchbegriffen* bei den Suchmaschinen im Netz.

Nun ist es sehr wichtig, mittels *Webcontrolling* eine Basisstatistik zu erstellen, die allgemeine Rückschlüsse auf die Akzeptanz der Website zulässt. Die Anzahl der Besuche, die Anzahl der Seiten pro Besuch oder die Verweildauer auf diversen Seiten sind wichtige Indikatoren, die eine stetige Optimierung des Auftrittes ermöglichen.

Wenn die Basis des Internetauftritts gelegt ist, hat 3M die Möglichkeit, die Seite kontinuierlich *auszubauen* und so die Wertschöpfung zu steigern. Möglichkeiten hierzu bieten sich genügend, beispielsweise Experten-Chats, Diskussionsforen oder der Versand von Newslettern. Später ist sicherlich der Verkauf von Software und die Versorgung der Kunden mit Updates eine weitere mögliche Ausbaustufe.

4.2.2.5 Mailings

Mailings gehören zu den wichtigsten *Medien* im Direktmarketing überhaupt. Untersuchungen beweisen, dass das Mailing nicht, wie von manchen prognostiziert, durch die elektronischen Medien verdrängt wird. Im Gegenteil: Das Mailing erfreut sich nach wie vor größter Beliebtheit und ist aus dem Direktmarketing-Instrumentarium nicht wegzudenken.

Generell sollte 3M Health Information Systems ca. *vier Mailings* pro Jahr verschicken, je nachdem, welche Neuigkeiten die Abteilung mitzuteilen hat. Es geht hier darum, sich regelmäßig beim Kunden in Erinnerung zu rufen und den Kontakt aufrecht zu erhalten. Ein Mailing muss nicht immer ein Angebot beinhalten, sondern kann auch allgemeine Informationen vermitteln, wie zum Beispiel den Start der neuen Internetseite.

Für den Erfolg eines Mailings ist die *Zielgruppenauswahl* von größter Wichtigkeit. Ein schlechtes Mailing an die richtige Zielgruppe hat immer mehr Aussichten auf Erfolg als ein perfektes Mailing an die falsche Zielgruppe. Die Qualität der Zielgruppe hat immer Vorrang vor der Quantität. Generell sollten die Mailings personifiziert sein. Bei diesen Aspekten spielt die gut gepflegte Kundendatenbank eine entscheidende Rolle.

Der Erfolg von Mailings lässt sich sehr gut messen. Indikatoren für den Erfolg eines Mailings sind die *Rücklaufquoten* (Response). Durch die Codierung der Responseelemente lässt sich leicht feststellen, auf welche Mailing-Aktion reagiert worden ist. Wichtig ist, dass diese Auswertung schriftlich festgehalten und ausgewertet wird. So kann beispielsweise eine Responsequote von unter drei Prozent (bei einem Neukundenmailing) darauf hinweisen, dass möglicherweise Fehler bei der Auswahl der Zielgruppe, der Formulierung des Mailings etc. gemacht worden sind. Dies muss im Einzelfall überprüft, als Ergebnis festgehalten und für kommende Aktionen berücksichtigt werden.

Als *Responseverstärker* für Mailings bieten sich Gewinnspiele oder andere Preise an. Jedoch muss darauf hingewiesen werden, dass die so generierten Adressen vielfach nicht von hoher Qualität sind, also kein wirkliches Interesse am Produkt, sondern am Gewinn besteht. Zudem muss gerade 3M Health Information Systems darauf achten, dass Gewinnspiele oder ähnliche Aktivitäten zur Zielgruppe passen, schließlich bewegt man sich auf dem Gesundheitssektor, und zur Zielgruppe gehören viele Ärzte und Akademiker.

Mailings sollten generell *professionell* aufbereitet sein; diesen Anspruch sollte 3M Health Information Systems an sich stellen. Auch hier leistet eine Direktmarketing-Agentur mit professionellen Textern und guten Ideen für das Layout und die Aufmachung wertvolle Dienste.

Ein *Beispiel* für ein Mailing zur Neukundengewinnung für 3M Health Information Systems wird ausführlich in Kapitel 5 behandelt.

4.2.2.6 Hotline

Gerade im Software-Bereich ist eine Hotline ein wichtiger Service für den Kunden. Die Telefonnummer sollte einfach zu merken sein und auf allen Informationsmaterialien kommuniziert werden. Auch eine *Vanity-Nummer* wie „CALL DRG" ist in naher Zukunft denkbar.

Bei 3M Health Information Systems ist die Bildung eines internen *Hotline-Teams* sinnvoll, das eine fundierte Telefon-Ausbildung erhält. Dieses Team soll aus vier Mitarbeiter bestehen, jeweils ein Mitarbeiter aus folgenden Bereichen:

- technischer Service
- medizinisch/inhaltlicher Service
- Schulungen/Trainings
- kaufmännischer Service

Die Hotline-Mitarbeiter organisieren sich selbst, das heißt die Gruppe ist dafür verantwortlich, dass die Hotline in den Kernarbeitszeiten von 8.00 bis 17.00 Uhr immer durch mindestens einen Mitarbeiter besetzt ist. Die Mitarbeiter sitzen räumlich sehr nah beieinander, um sich gut abstimmen zu können und voneinander zu lernen. Die am häufigsten gestellten Fragen sind zu dokumentieren und in der Kundendatenbank und im Internet als Hilfe für weitere Mitarbeiter und Kunden zu hinterlegen.

Die *Vorteile* des Hotline-Teams liegen auf der Hand:

- Die Hotline ist durchgehend besetzt.
- Die Mitarbeiter lernen voneinander, die Kompetenz des Einzelnen dem Kunden gegenüber steigt stetig.
- Es besteht keine Abhängigkeit von einer Person bei Urlaub oder Krankheit – ein anderes Mitglied des Teams springt ein.

4.2.2.7 Schulungen, Seminare & Kongresse

Um die Krankenhäuser optimal auf die veränderte Marktsituation vorzubereiten, bietet 3M Health Information Systems neben den Benchmarking-Projekten sowie qualitativ-hochwertigen Softwarelösungen auch Veranstaltungen und Seminare an.

Kongresse:

Bei diesen von 3M organisierten *Informationsveranstaltungen* sprechen Experten aus Politik und Praxis über die aktuelle Situation bei der Einführung des DRG-Systems in Deutschland. Die bisherigen DRG-Informationsveranstaltungen waren alle sehr gut besucht. Diese Veranstaltungen sind für Kunden und Neukunden kostenfrei, während alle anderen Teilnehmer eine Gebühr für die Veranstaltung in Höhe von 160 Euro (zuzüglich Mehrwertsteuer) pro Person zahlen. 3M ist gut beraten, diese Veranstaltungen weiterhin drei bis fünf Mal im Jahr anzubieten, nicht zuletzt, um durch kompetente Referenten einen besonderen Service zu bieten und sich dem Kunden als Partner bei der DRG-Einführung zu präsentieren. Die Referate sollten nach den Veranstaltungen als besonderer Service auf der Internetseite zum Download bereitgestellt werden.

Seminar-Angebote:

Im Rahmen der DRG-Einführung in Deutschland bietet 3M Health Information Systems Seminare und Veranstaltungen an, die auf die Veränderungen im Gesundheitswesen und in diesem Zusammenhang auf das neue Krankenhaus-Vergütungssystem vorbereiten.

Das *Allgemeine DRG-Seminar* richtet sich an alle Beteiligten des Gesundheitswesens. Dieses dreistündige Seminar (vormittags) informiert über den aktuellen Entwicklungsstand für die DRG-Einführung in Deutschland, stellt die DRG-Systematik (Entwicklung, Aufbau, Struktur und Besonderheiten) ebenso wie die Anforderungen an die Datenqualität dar und bietet gleichzeitig Vorschläge zur Bewältigung der anstehenden Aufgaben im Krankenhaus.

Das *Intensiv-Training für Mediziner* wurde speziell für diese Berufsgruppe entwickelt. Auch dieses Seminar ist dreistündig (nachmittags) und kann mit dem Allgemeinen DRG-Seminar am Vormittag kombiniert werden. In diesem Seminar setzen sich die Teilnehmer unter anderem mit der Einführung der Allgemeinen Kodierrichtlinien anhand von Beispielen (Diagnoseverschlüsselung, Hauptdiagnosendefinition, Symptome und Syndrome, Fallpauschalen etc.) sowie mit der DRG-Portfolio der Fachabteilungen auseinander. Außerdem wird das Thema „Fehlerquellen erkennen und vermeiden" eingehend erörtert.

Das *Intensiv-Training für Ökonomen* richtet sich an die „betriebswirtschaftlichen Manager" im Krankenhaus. In diesem ebenfalls dreistündigen Training befassen sich die Teilnehmer mit Budgetberechnung, Marktmechanismen und Risikomanagement im DRG-System sowie den DRGs als betriebswirtschaftliches Steuerungsinstrument.

Dieses breite Spektrum an Seminar-Angeboten zeigt, dass 3M Health Information Systems umfassend durch allgemeine Seminare zum Thema DRG und gleichzeitig zielgruppenspezifisch über Fragen und Probleme mit der neuen Abrechnungssoftware (Mediziner und Ökonomen) informiert. Damit bietet 3M Health Information Systems dem (potenziellen) Kunden einen Mehrwert und schafft die Voraussetzung für eine längerfristige Kundenbindung an das Unternehmen.

Für 3M Health Information Systems bietet es sich an, auf den Seminaren Praxisbeispiele an der eigenen Software zu demonstrieren und so Cross-Marketing-Potenziale auszunutzen. Verstärkte Werbung für Seminare durch gezielte Mailings und Einladungsanzeigen in der Fachpresse wird vermehrtes Interesse generieren.

4.2.2.8 Messen und Veranstaltungen

Es gibt diverse Veranstaltungen, auf denen 3M Health Information Systems nicht fehlen darf, z. B. die Case-Mix-Konferenz und die MEDICA-Messe in Düsseldorf.

Durch die Verbindung mit der Medical-Abteilung der 3M Medica hat die Abteilung Health Information Systems keinen eigenen *Messestand* und ist auch nicht wie der Wettbewerb in der Software-Halle vertreten. Um trotzdem in dieser Halle präsent zu sein, sind Kooperationen auf dem Messestand mit Herstellern von Krankenhaus-Informations-Systemen, wie beispielsweise SAP, möglich und werden auch praktiziert. Das hat zudem den angenehmen Begleiteffekt, dass man die Partnerschaft von 3M mit einem so kompetenten Anbieter wie SAP einem breiten Messepublikum demonstrieren kann.

Das *Standpersonal* sollte selbstverständlich gut ausgebildet und sowohl in technischer als auch medizinischer Hinsicht auskunftsfähig sein, denn Ziel jeder Messebeteiligung ist es, das Unternehmen bekannt zu machen bzw. Kontakte zu knüpfen, um neue Kunden zu gewinnen. Schlecht ausgebildetes Personal erzeugt eine negative Außenwirkung.

Für einen erfolgreichen Messeauftritt ist ein optisch *ansprechender Messestand* Voraussetzung. Hier gilt es, die CI-Richtlininen von 3M zu berücksichtigen. Am Stand sollten die Adresse, die Telefon- und Faxnummer, die E-Mail-Adresse und die Internet-Adresse deutlich sichtbar angebracht sein. Das 3M-Logo sollte bereits von weitem sichtbar sein.

Dem Kunden muss die Möglichkeit geboten werden, sich vor Ort über die Produkte zu informieren, und zwar nicht nur anhand von Broschüren und netten Worten, sondern praktisch am PC. Besser und kompetenter als durch eine praktische Demonstration und durch das Anbieten des Selbermachens kann man einen Kunden kaum von der Qualität der Produkte überzeugen. Eine diese Zwecke erfüllende *technische Ausrüstung* vor Ort ist somit unverzichtbar.

Um Besucher an den Messestand zu locken, bietet sich ein nettes *Einladungsmailing* an, ebenso denkbar sind Anzeigen und entsprechende Hinweise auf der Homepage.

4.2.2.9 Meinungsbildner

3M Health Information Systems ist gut beraten, die Gruppe der so genannten Meinungsbildner zu akquirieren. Diese *Meinungsbilder* können folgende Ziele für die Abteilung verfolgen:

- Sie können ein positives Image für 3M am Markt erzeugen.
- 3M kann durch sie Informationen, Anregungen und Feedback zu seinen Produkten und Dienstleistungen erhalten.
- Sie können Informationen und Entwicklungen zu 3M Produkten weitergeben und so als Multiplikator im Markt wirken.

Die Meinungsbildner können profilierte Persönlichkeiten aus dem DRG-Umfeld sein, ebenso zufriedene Kunden oder Mitarbeiter von strategischen Partnern wie Hersteller von Krankenhaus-Informations-Systemen (z. B. SAP).

Meinungsbildner können als Referenten in Erscheinung treten, ebenso aber auch als Verfasser von Berichten für die Fachpresse oder zu Werbezwecken. Sicherlich ist auch eine Kombination aus beidem möglich.

Es bietet sich an, diese Gruppe anfangs zusammenzuführen und in einem „Kick-off-Meeting" einen *Teamgeist* zu erzeugen. Die Gruppe selbst wird dann sehr gute Ideen liefern. Außerdem wird bei einem solchen Meeting der Kenntnisstand der Gruppe bekannt und Ausbildungsdefizite offenbar. 3M Health Information Systems wird beispielsweise erkennen, wer sich als Referent eignet und wer weniger. Des Weiteren kann überprüft werden, wo eventuell noch Trainings (z. B. Präsentationstrainings) notwendig sind, um die Meinungsbildner auf die Aufgabe für 3M vorzubereiten.

Zu beachten sind bei diesem Programm sicherlich der Kostenrahmen sowie rechtliche Aspekte bei der Honorierung der Meinungsbildner.

4.2.2.10 Fachartikel / PR

Das Erscheinen des Unternehmens in Fachzeitschriften hat eine enorme *Image- und Profilierungswirkung*. Auf diese Weise ist es für 3M Health Information Systems möglich, sich einen Namen als Experte im Bereich DRG zu machen. Oft melden sich nach einer solchen Publikation neue potenzielle Kunden aus eigener Initiative. Die positive Präsenz in der Fachpresse ist ein überzeugender Grund, sich für den Kauf der Software oder für eine Anmeldung zu einer von 3M durchgeführten Schulung zu entscheiden. Vielfach müssen interessierte Ärzte ihre Kollegen aus der Krankenhaus-Verwaltung überzeugen oder auch umgekehrt. Bei einem guten Image fällt dies erheblich leichter.

Wenn es gelingt, durch *redaktionelle Beiträge* ein gewinnendes Expertenimage aufzubauen, ist es auch möglich, über Leser dieses Beitrags an potenzielle Kunden wie

Mitarbeiter oder Freunde weiterempfohlen zu werden. Fachbeiträge eröffnen die Möglichkeit, auf dem Zielmarkt Bekanntheit zu erreichen und ein hohes professionelles Ansehen zu gewinnen. Ein redaktioneller Beitrag lässt sich auch noch lange Zeit als Marketingunterlage einsetzen, die beispielsweise als Infobeilage einer Informationsmappe oder im Rahmen eines Mailings beigelegt werden kann. Ferner kann ein Beitrag auf der Homepage hinterlegt werden und so noch lange Zeit nach Erscheinen der Fachzeitschrift dem Kunden zugänglich gemacht werden.

4.2.2.11 Kundenzeitschrift

Kundenzeitschriften sind im Direktmarketing ein flexibler und aussagekräftiger Kommunikationsträger mit vielfältigen *Einsatzmöglichkeiten*. Sie können sowohl Informationsmedium als auch Verkaufsmedium sein, zur Imagebildung beitragen und helfen, für das Unternehmen wertvolle Kundeninformationen zu generieren. Eine Kundenzeitschrift gilt außerdem als hervorragendes Tool zur Kundenbindung und ist demnach für die kundenorientierte Ausrichtung der Abteilung 3M Health Information Systems bestens geeignet. Entscheidend für den Erfolg eines Kundenmagazins ist, dass der Leser einen eindeutigen Nutzen daraus ziehen kann. Das Lesen des Magazins muss Spaß machen. Getreu dem modernen Schlagwort „Infotainment" soll es eine Mischung aus Information, Beratung, Dialog und Unterhaltung bieten.

Neben der Kundenbindung kommen einer Kundenzeitschrift noch weitere *Erfolgsfaktoren* zu: Sie fördert den Dialog mit den bestehenden Kunden und bietet die Chance, neue Interessenten zu gewinnen. Je nach Streuung kann das Schriftstück enorm dazu beitragen, die Bekanntheit eines Unternehmens zu erhöhen.

Die N@ttworker empfehlen 3M Medica den Einsatz einer Kundenzeitschrift aus mehreren *Gründen*:

- 3M positioniert sich bei seiner Zielgruppe als kompetenter Partner.
- Der Informationsbedarf seitens der Kunden zum komplexen Thema „DRG" kann gestillt werden.
- Weitere Produkte von 3M können ausführlich vorgestellt werden.
- Das Image von 3M als Weltkonzern wird weiter gestärkt.
- Über spielerische Aktionen (Gewinnspiele) oder Befragungen mit Incentives werden für die Kundendatenbank wertvolle Informationen gewonnen.
- Last but not least: Die Bindung zum Unternehmen 3M wird gestärkt.

Folgendes *Rohkonzept* entwarfen die N@ttworker zur Einführung der Kundenzeitschrift „*DRG in touch*":

- Erscheinungsweise: zwei bis drei Ausgaben pro Jahr

- Umfang: ca. acht Seiten
- Format: quadratisch (allein um sich vom Format von der Masse abzuheben)
- Content: Professionelle redaktionelle Fachbeiträge und allgemeine Themen
- Wichtig: Verzicht auf Anzeigen, um nicht den Eindruck eines „Werbeblättchens" zu wecken

Um ein gehobenes redaktionelles Niveau und ein professionelles Layout sicher zu stellen, sollte die Kundenzeitschrift in enger Zusammenarbeit mit einer *Agentur* umgesetzt werden. Diese ist unter anderem für die Recherche der thematischen Inhalte mitverantwortlich. Um die Qualität des Inhalts zu gewährleisten, wird Hand in Hand mit einem Verantwortlichen des Unternehmens 3M zusammen gearbeitet, der den Content betreut. Das Vorwort der ersten Ausgabe weist auf die *CRM-Ausrichtung* von 3M Health Information Systems hin und motiviert die Kunden, den Dialog mit ihrem „Partner" 3M aufzunehmen und zu halten.

Inhaltlich soll das Heft abwechslungsreich gestaltet sein und eine große *Themenvielfalt* bieten. Auch allgemeine Ausführungen, die jedermann interessieren, haben Platz.

Für „DRG in touch" wurde folgende *Content-Struktur* erarbeitet, die in jeder Ausgabe wieder aufgegriffen wird:
1. Aktuelle Entwicklungen auf den Gebiet der DRG
2. Vorstellung eines „Best-Practice"-Krankenhauses aus dem Kreis der 3M-Benchmarking- oder Software-Kunden
3. 3M-Produktinformationen
4. Allgemeine Themen/ Ratgeber
5. Gewinnspiel/ Rätsel/ Umfragen
6. Veranstaltungen (Seminare, Messen, Freizeit, Sport)
7. Kundenbefragung/ Motivation zum Dialog

Besonders der Bestandteil „*Motivation zum Dialog*" ist bedeutsam, schließlich sollen die Kunden von 3M in die Gestaltung der Zeitschrift mit einbezogen werden. Das hat den Vorteil, dass die Identifikation der Leser mit dem Heft deutlich erhöht werden kann und dass 3M seine Kunden/Zielgruppe besser kennen lernt.

Initialisiert könnte der Dialog beispielsweise durch folgende *Kundenbefragung* werden:

- Wie gefällt Ihnen die neue „DRG in touch"?
- Über welche Themen möchten Sie künftig gerne informiert werden?
- Was würde die nächste „DRG in touch" noch besser machen?
- An welche Personen in Ihrem Hause sollen wir diese und die nächsten Ausgaben der „DRG in touch" zusätzlich senden (Bitte Namen, Adresse und Position angeben)?

Unter Einhaltung des Corporate Design der 3M Medica und in Anlehnung an die angewandten Elemente des erarbeiteten Direktmarketing-Konzeptes (Mailings, Response-Anzeigen usw.) wird das *Layout* von „DRG in touch" entwickelt. Als grafisches Element wird beispielsweise der „*Abakus*" eingesetzt, der seinen großen Auftritt im Mailing zur Einführung der DRG-Software hat (vgl. Kapitel 5).

Weiterhin ist die Kundenzeitschrift gradlinig und übersichtlich gestaltet, um dem Leser ein ansprechendes und ruhiges Bild zu vermitteln. Texte werden wohl portioniert und mit Bildmaterial/Fotos untermalt. Die Farbgebung im Hintergrund ist überwiegend in abgeschwächtem 3M-Rot gehalten, Headlines im Vollton. Es wird eine klare, serifenlose Typografie verwandt. Durch das quadratische Format ist dem Magazin eine Form gegeben worden, die Wertigkeit und Individualität ausstrahlt und zudem noch sehr handlich ist.

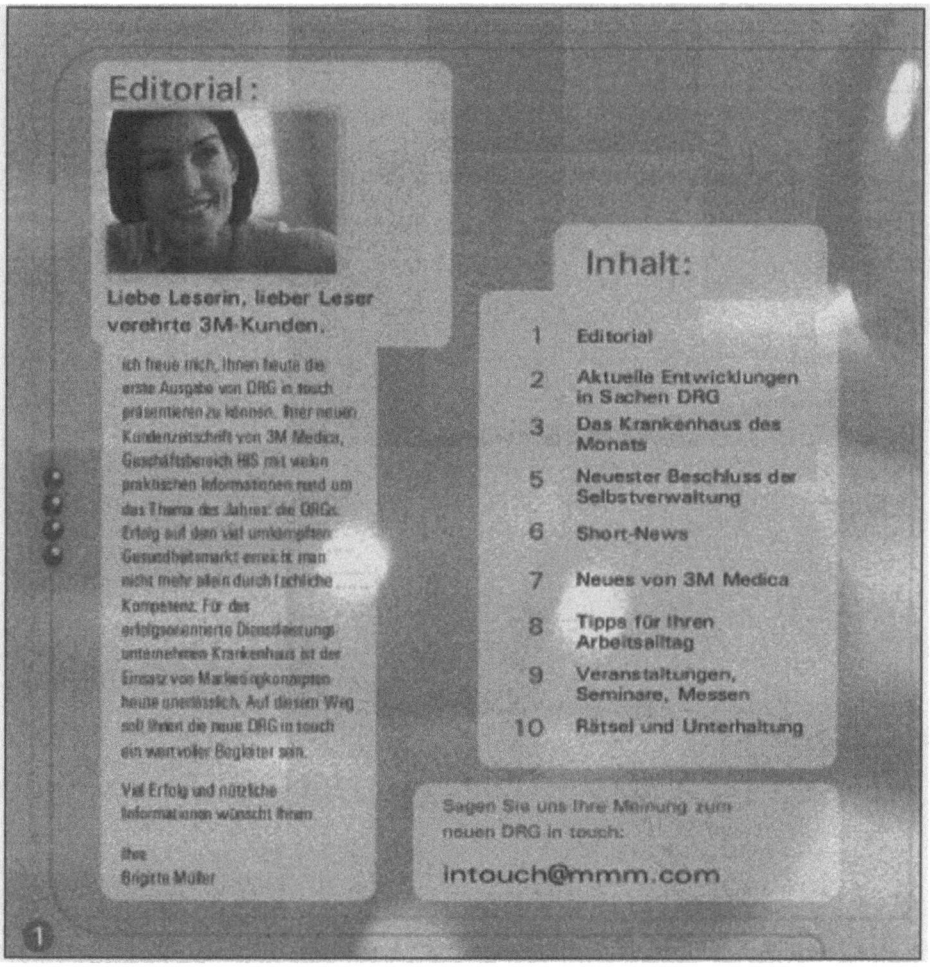

Abbildung 7: Vorwort und Inhaltsverzeichnis der „DRG in touch"

4.2.2.12 „Einfach mal anders sein!"

Ein altes Sprichwort besagt: „Kleine Geschenke erhalten die Freundschaft". Da die Aufrechterhaltung des *Kontaktes* zu den Krankenhäusern und ihren führenden Mitarbeitern zur Zielsetzung gehört, ist der Einsatz von kleinen Geschenken durchaus sinnvoll. Doch es ist wichtig, den Bogen nicht zu überspannen.

Durch das Verschicken kleiner Geschenke kann sich 3M wieder in Erinnerung rufen. Dabei sollten nicht die „gängigen" Gelegenheiten wie Weihnachten gewählt werden. An derartigen Feiertagen erhalten die Kunden eine Fülle von Karten und Geschenken, sodass die einzelnen schon gar nicht mehr zur Geltung kommen. „Einfach einmal anders sein" heißt die Devise. Kleine Geschenke können auch einmal zwischendurch verschickt werden. Speziell für diesen Zweck sind folgende *Möglichkeiten* denkbar:

- Zu Herbstbeginn kann ein *Korb Äpfel* als Herbstgruß mit einem kurzen Dankschreiben für die gute Zusammenarbeit verschickt werden. Oftmals sind gerade Ärzte in Krankenhäusern für eine Zwischenmahlzeit dankbar.

- Auch ein dekorativer, hochwertiger *Kalender* mit 3M-Logo sowie Hinweise zu allen angebotenen Seminare oder Schulungen von 3M wäre sinnvoll. Kalender sind sehr beliebt, zieren sie doch jedes Büro oder Wartezimmer. Als Bildmotive würden sich Fotografien zum Thema Australien hervorragend eignen. Diese würden ohne eine besondere Erwähnung noch einmal an die zehnjährige Marktführerschaft in Sachen DRG in Australien erinnern. Mittels dieses Zusammenhangs wird die langjährige Erfahrung von 3M und die somit erworbene Kompetenz erneut herausgestellt.

Wichtig ist, dass im Rahmen dieser Aktionen *keine Produktangebote* mitgesandt werden. Es könnte sonst beim Kunden der Eindruck entstehen, dass er mittels der kleinen Geschenke nur zu weiteren Bestellungen der 3M-Produkte gedrängt werden soll. Die eigentliche Intention, sich durch ein kleines „Dankeschön" beim Kunden positiv in Erinnerung zu rufen, würde dadurch verloren gehen.

5. Beispiel einer Mailing-Konzeption zur Neukundengewinnung

5.1 Zielvorgaben und Zielgruppen

Bei der Erarbeitung einer Mailing-Konzeption stand bei den N@ttworkern zunächst die Frage im Vordergrund, was mit einer Mailing-Kampagne erreicht werden kann und soll. Verschiedene *Marketingziele* wurden diskutiert: Sollte man ein Produkt, beispielsweise die Software 3M AR-Grouper, bewerben und über die Einsatzmöglichkeiten und technischen Leistungsdaten dieser Angebotskomponente informieren? Oder sollte das Mailing ein bestimmtes Image transportieren und die Marke 3M als Garant für Qualität und Kompetenz in Sachen DRGs positionieren?

Doch ob Produktwerbung, Positionierung, Neukundengewinnung oder Kundenbindung – schnell wurde deutlich, dass das Erarbeiten einer Zielvorgabe unmittelbar mit der *Zielgruppenfindung* zusammenhängt. Die Frage „Was soll das Mailing erreichen?" wurde also kombiniert mit der Frage „Wen soll das Mailing erreichen?".

Zwei *verschiedene Zielgruppen* bildeten sich heraus: zum einen die Benchmarking-Kunden von 3M Health Information Systems, die bereits mit dem Unternehmen allgemein, vor allem aber auch schon mit den speziellen Produkten vertraut waren. Zum anderen die Nicht-Benchmarking-Kunden, bei denen man zwar davon ausgehen konnte, dass sie 3M auf Grund seiner Stellung am Markt als Marke kannten, die aber noch nicht mit dem DRG-Instrumentarium von 3M Health Information Systems in Berührung gekommen waren. Diese Gruppe hatte sich eventuell noch gar nicht mit der Problematik des Wechsels der Abrechnungsmodalitäten auseinander gesetzt.

Die Mitglieder der Agentur waren sich einig, dass diese beiden Zielgruppen nicht nur unterschiedlich angesprochen werden sollten, sondern dass auch *unterschiedliche Zielvorgaben* definiert werden mussten. Die Benchmarking-Kunden sollten dazu bewegt werden, ihre im Rahmen des Benchmarkings kostenlos zur Verfügung gestellten Einzelplatz-Lizenzen für die 3M-Grouper in gebührenpflichtige Klinik-Lizenzen umzuwandeln. Dem Mailing sollte dabei eher die Funktion zukommen, den 3M-Außendienst zu unterstützen. Die Benchmarking-Kunden kannten ja das Produkt und standen im regelmäßigen Kontakt mit 3M Medica – hier hatte 3M schon „einen Fuß in der Tür", mindestens einen sogar. Wenn die Kunden die tägliche Arbeit mit den Produkten nicht überzeugt hatte, dann könnte auch ein noch so gut gestaltetes Mailing sie nicht dazu bringen, den kompletten DRG-Arbeitsplatz (bestehend aus Grouper und Kodiersoftware) zu ordern.

Anders wurde das Erfolgspotenzial eines Mailings an die Zielgruppe der Nicht-Benchmarking-Kunden beurteilt. Hier gab es viele Entscheider, die noch nicht mit 3M Medica in Kontakt standen und die ein gut konzipiertes Mailing dazu bringen konnte, sich mit den 3M-Produkten zu beschäftigen. Als Zielvorgabe formulierten die N@ttworker bei dieser Zielgruppe den „Abschluss von Lizenzverträgen für den DRG-Arbeitsplatz unter Berücksichtigung der Einzelkomponenten Grouper und Kodiersoftware". Die nachfolgenden Betrachtungen beziehen sich ausschließlich auf diese „herausfordernden" Zielvorgaben für die Nicht-Benchmarking-Kunden.

5.2 Anforderungen

Der Empfänger eines Mailings stellt für die N@ttworker das Maß aller Dinge dar. Mailings müssen aus der Sicht ihrer Leser konzipiert, gestaltet und getestet werden. Das bezeichnet die „Ur-Anforderung" an alle Mailings, also auch an das 3M-Mailing, ohne die eine Aussendung niemals akzeptable Response- und Umwandlungsquoten erzielen kann. Darüber hinaus sollte das DRG-Mailing aber noch eine Reihe weiterer, „selbstauferlegte" *Anforderungen* erfüllen:

- Das Mailing sollte *Aufmerksamkeit* erregen. Es sollte so gestaltet sein, dass sich sein Empfänger längere Zeit damit beschäftigt und die Inhalte vollständig erfasst. Nur dann besteht ja überhaupt die Chance, dass aus einem Empfänger zunächst ein Interessent und im weiteren Verlauf dann auch ein Kunde wird. Diese aufmerksamkeitsstarke Gestaltung beinhaltet auch und gerade die äußere Umhüllung: Schon vor dem Öffnen des Mailings muss der Empfänger neugierig genug auf den Inhalt sein. Das Außendesign spielte auch beim zweiten Anforderungspunkt eine wichtige Rolle.

- Das Mailing sollte nicht im Vorzimmer hängen bleiben. Da sich das Mailing an *Entscheider* wendet und diese Entscheider häufig Sekretärinnen haben, muss damit gerechnet werden, dass ein an den Entscheider adressiertes Mailing nicht den Entscheider direkt erreicht, sondern zunächst in dessen Vorzimmer stecken bleibt. Da viele Entscheider ihre Mitarbeiterinnen und Mitarbeiter anweisen, für den jeweiligen Arbeitsbereich offensichtlich irrelevante und (subjektiv gesehen) uninteressante Werbepost im Vorfeld auszusortieren, scheitern Mailings häufig bereits an dieser Hürde. Das 3M-Mailing sollte also so gestaltet werden, dass eine Sekretärin schon von der äußeren Gestaltung von der Relevanz des Schreibens überzeugt sein müsste bzw. es gar nicht „wagen" würde, dem Vorgesetzten das Mailing vorzuenthalten.

- Das Mailing sollte das 3M-Medica-*Selbstverständnis* transportieren, also die Kompetenz und Erfahrung des Unternehmens in Sachen DRG unterstreichen sowie die allgemein anerkannte hohe Qualität der 3M-Produkte.

- Das Mailing sollte den „We care"-Gedanken deutlich machen. Das bedeutete automatisch, dass kein Produkt im Vordergrund stehen konnte. Vielmehr sollte dem Kunden vermittelt werden, dass 3M Medica Ansprechpartner und *„Problemlöser"* für alle Fragen rund um die DRGs ist – unabhängig vom Kauf eines 3M-Produktes!

- Das Mailing sollte langfristig in *Erinnerung* bleiben. Es sollte einen derart starken Eindruck hinterlassen, dass der Empfänger jede zukünftige Erwähnung von 3M mit ihm in Verbindung bringt („3M – die haben mir mal ein Mailing geschickt, und ich weiß auch noch, wie das aussah."). Umgekehrt sollte das Mailing in seiner Idee und Gestaltung jederzeit und automatisch an 3M erinnern („Ich habe mal ein tolles Mailing erhalten, das war von 3M").

- Das Mailing sollte *Daten generieren*. Nicht zuletzt sollte die Mailing-Kampagne dazu dienen, vertiefende Informationen zu den Empfängern zu sammeln und Profile der Empfänger und der Krankenhäuser zu erstellen.

5.3 Konzept

Die unter Kapitel 5.2 aufgeführten Anforderungen wollten die N@ttworker mit einer *zweistufigen* Mailing-Kampagne erfüllen. Gemeinsam haben die Mailings beider Stufen, dass sie in Anmutung und Aufmachung ein gehobenes Niveau aufweisen. So wurde der inhaltliche Anspruch an die Produkte (hohe Qualität) schon durch die Wahl hochwertiger Materialien und eine entsprechende Gestaltung der Mailing-Bestandteile verdeutlicht.

In der *ersten Stufe* stand nicht der Verkauf der Produkte, sondern die Information der Kunden über den näherrückenden Termin für die Umstellung der Abrechnungssysteme im Vordergrund. Natürlich blieben dabei keinesfalls die Gründe unerwähnt, warum 3M Medica als *der* kompetente Ratgeber in Sachen DRG anzusehen sei.

Bewusst wurde darauf verzichtet, eine Bestelloption für 3M Health Information Systems-Produkte einzufügen. Sehr wohl aber konnten und sollten sich die Empfänger mittels eines beiliegenden Response-Elements vertiefende *Informationen* zum Themengebiet DRG anfordern, die dann im Mailing der zweiten Stufe enthalten sind.

Erst in diesem *zweiten Mailing* wurde detailliert auf die einzelnen Produktkomponenten von 3M Health Information Systems eingegangen, die als Lösungs- bzw. Verbesserungsmöglichkeiten bei bestehenden Abrechnungs-Problemen vorgestellt wurden. Erst jetzt, in der zweiten Stufe, gab es eine Bestellmöglichkeit für die Empfänger. Das Ziel der ersten Mailingstufe war, Interessenten zu generieren, Vertrauen aufzubauen und die Bekanntheit des Alleinstellungsmerkmals (USP) „Erfahrung" zu steigern. Das Ziel der zweiten Mailingstufe hieß, Termine zu vereinbaren und letztendlich Verträge abzuschließen.

Bei den Nicht-Reagierern, die sich auf das erste Mailing nicht gemeldet hatten, sollte es eine Nachfass-Telefonaktion geben.

Nach diesem Rohentwurf der Mailing-Aktion sollen nun die konkreten *Bestandteile* der Mailings vorgestellt werden. In der ersten Stufe sind dies:

- Exklusive Umverpackung
- Anschreiben
- Abakus als Incentive
- Fragebogen
- Rückantwort-Umschlag

5.4 Umverpackung

Die eigens zu diesem Zweck angefertigte *Umverpackung* bestand aus roter Kartonage im Format 23x16x4 cm. Rot ist die Hausfarbe von 3M und garantiert hohe Aufmerksamkeit. Das Mailing sollte damit bereits von seiner äußeren Gestaltung als etwas Besonderes, Außergewöhnliches wahrgenommen werden. Das Format ließ zudem einen Inhalt vermuten, der über ein Anschreiben und eine Produktbroschüre hinausgeht.

Für die Ansprache in Text und Bild müssen die Inhalte der Zielgruppe entsprechend in Slogans und Motive transportiert werden. Einen passenden *Slogan* fand man in „Mit uns können Sie rechnen!", der in seiner Doppelbedeutung schon zwei wichtige Aussagen enthält: 3M Health Information Systems bietet ein Abrechnungssystem, und 3M Health Information Systems liefert Rat und Hilfe. Exakt diese Aussagen sollte auch das beigelegte Werbegeschenk, ein Abakus, liefern (vgl. Kapitel 5.6).

5.5 Anschreiben

Das Anschreiben hat verschiedene *Aufgaben*:

- Es macht die Notwendigkeit einer DRG-Konzeption und deren zeitnahe Umsetzung deutlich. Die Aussage: „Die komplizierte Umstellung der Abrechnungssysteme betrifft *alle* Krankenhäuser und Kliniken, also auch *Sie*, und die Zeit drängt."

- Es hebt den USP von 3M Medica deutlich hervor. Kein anderes Unternehmen hat international, aber auch speziell auf dem deutschen Markt, so viel Erfahrung mit DRGs wie 3M Medica. Das Unternehmen wird damit als *der* Kompetenz-Träger positioniert. Die Aussage: „Auch wenn die Umstellung ein komplizierte Sache ist: 3M hat sie schon mehrfach gemeistert".

- Es bietet individuelle Hilfestellung durch einen *Fragebogen* an. Die Aussage: „Sie können an unserer Erfahrung teilhaben: 3M Medica hilft Ihnen bei den Vorbereitungen zur Umstellung – kostenlos und unverbindlich".

- Es weist auf den Abakus und seine Bedeutung hin.

- Es nennt Telefonnummer und Ansprechpartner von 3M Medica.

Musterkrankenhaus Musterstadt
Herrn Mustermann
Musterstraße 1

12345 Musterstadt

Borken, den .. ..

DRG made by 3M: Mit uns können Sie rechnen!

Sehr geehrter Herr Mustermann,

am 1. Januar 2003 ist der „Tag der Abrechnung". Bis dahin muss in jedem Krankenhaus Deutschlands das neue Abrechnungssystem der DRGs eingeführt sein. Keine leichte Aufgabe, zumal die Zeit keine Experimente zulässt.

Für viele Beteiligte wird diese Umstellung mit viel Arbeit, vielen Unsicherheiten und noch mehr Aufregung verbunden sein. Wir wissen, wovon wir reden! Bereits vor zehn Jahren haben wir die Einführung des DRG-Abrechnungssystems in Australien umgesetzt und sind dort Marktführer mit dem 3M AR-Grouper. Und wir können Sie beruhigen: Es lohnt sich! Die DRGs haben sich als zuverlässig und effizient erwiesen. Und das nicht nur im Hinblick auf eine reibungslose Umstellung, sondern auch für ein effektives Management.

Natürlich fragen Sie sich: Wie fit ist mein Haus für diese Umstellungen? Nun, ob es noch einiger Vorbereitungen bedarf, das verrät Ihnen unser 3M-Fragebogen. Testen Sie Ihr Haus – schicken oder faxen Sie uns einfach Ihren Fragebogen zurück. Sie erhalten von uns eine individuelle und unverbindliche Einschätzung Ihrer Vorbereitungen.

Nutzen Sie unsere Erfahrungen, die wir in der Praxis gewonnen haben. Sie werden sehen: Mit dem entsprechenden Know-how lässt sich auch scheinbar Kompliziertes einfach lösen. Wie beim Abakus, mit dem schon in der Antike komplexe Wurzelberechnungen überraschend schnell gelöst wurden. Und der Sie bei allen Fragen rund um das Thema DRG daran erinnern soll: Mit uns, mit 3M, können Sie rechnen!

Einen erfolgreichen Tag wünscht Ihnen

Rainer Tuschmann
Market Development Manager

P.S.: Überzeugen Sie sich von allen Funktionalitäten und Vorzügen, die das DRG-System bereithält: Gerne nennen wir Ihnen Referenzen. Unter den 100 schnellsten Einsendern des Fragebogens verlost 3M zusätzlich noch eine Reise nach Australien!

Abbildung 8: Das Anschreiben

5.6 Abakus

Bei der Suche nach einem *Incentive* für das Mailing fiel die Wahl auf einen Abakus, ein Rechenbrett, das in China, Japan und großen Teilen Russlands täglich Verwendung findet. Mit einem *Abakus*, der trotz des ähnlichen Aussehens nicht mit einem simplen Rechenschieber verwechselt werden darf, können Aufgaben in den vier Grundrechenarten bei geübter Bedienung schneller als mit einem Taschenrechner ausgeführt werden. Nicht ganz so schnell durchführbar, aber möglich, ist das Lösen komplexer Rechenaufgaben wie das Auflösen von Quadratwurzeln. Eine vollständige Auflistung aller durchführbaren Rechenmethoden oder der Funktionsweise eines Abakus würde den Rahmen dieses Abschnittes sprengen.

Im abendländischen Kulturraum hat der Abakus nie als Gebrauchgegenstand gedient, wohl aber hat er in den letzten Jahren als Accessoir Einzug auch in deutsche Haushalte gefunden. Dabei wird natürlich auf eine besonders hochwertige Verarbeitung Wert gelegt (kein Plastik, stattdessen Holz- oder gar Metallrahmen und -kugeln). In dieser Form schien ein Abakus deshalb insgesamt ideal als *Incentive* geeignet:

- Ein Abakus garantiert die *Beschäftigung* mit dem Mailing. Er macht neugierig, reizt zum „Spielen" und Ausprobieren, kurz: Er ist ein „Handschmeichler", etwas, was man gerne in der Hand hält.

- Ein Abakus strahlt *Ästhetik* aus. Da er im Ursprung ein kaufmännisches Werkzeug ist, das Unternehmergeist und Geschäftssinn symbolisiert, kann man sich durchaus vorstellen, dass er als schmückendes Element auf dem Schreibtisch des Empfängers genutzt wird.

- Der Abakus kommuniziert „Auch scheinbar *Kompliziertes* lässt sich einfach lösen". So, wie man mit einem simplen Rechenbrett Quadratwurzeln lösen kann, so einfach ist auch die Umstellung auf das Abrechnungssystem der DRGs zu bewerkstelligen – wenn man denn 3M Health Information Systems als Partner gewählt hat.

- Der Abakus symbolisiert damit gleichzeitig ein *Rechenwerkzeug* (denn DRGs sind ein Abrechnungssystem) als auch hintergründig die Hilfestellung von 3M Medica.

5.7 Fragebogen

Als Responseelement dient ein Fragebogen, mit dem der Empfänger die Möglichkeit hat, individualisierte Informationen anzufordern, die ihm Aufschluss darüber geben, ob sein Unternehmen/Krankenhaus ausreichend auf die DRG-Umstellung vorbereitet ist. Es wird kommuniziert, dass die Angaben, die durch das Ausfüllen des Fragebogens gemacht werden, für eine exakte Beurteilung seines Hauses notwendig sind. Der Fragebogen wird damit vom Empfänger als *Service-Instrument* empfunden, gleichzeitig generiert er Informationen über die Interessenten und Ansprechpartner. 3M Medica hat damit die Möglichkeit, detaillierte *Profile* der Ansprechpartner zu erstellen und Kenntnisse, Ansichten, Motive und Wünsche der Empfänger abzufragen; der Fragebogen öffnet damit den Weg vom unbekannten Interessenten zum guten Bekannten. Um nicht „neugierig" zu wirken, dürfen dabei nur solche Informationen abgefragt werden, die für eine objektive und seriöse Beurteilung des Hauses benötigt werden. Wenn diese „Gratwanderung" gelingt, stellt sich damit eine Win-win-Situation ein: Der Interessent erhält exklusive Informationen über den Leistungsstand seines Hauses und 3M Health Information Systems generiert wertvolle Daten, die im weiteren Kundendialog eingesetzt werden können.

Da sich die Nachwuchsagentur nicht sicher war, ob der Auftraggeber bei einem Responseelement gänzlich auf eine Bestelloption verzichten würde, bauten die N@ttworker in einer Variante die Möglichkeit ein, *Informationen* zu 3M-Health Information Systems-Produkten zu bestellen und Termine zu vereinbaren. Sie wiesen aber gleichzeitig darauf hin, dass der Fragebogen keinesfalls zum „Bestellschein" werden dürfte. Eine solche Variante würde die eigentliche Idee des Mailings „verwässern", den Interessenten einen unverbindliche Beratungsservice anzubieten, mit dem sich ein Vertrauensverhältnis zwischen 3M und dem Empfänger aufbauen kann.

Den Fragebogen sollte man als Fax und in einem beiliegenden Rückantwort-Umschlag an 3M zurücksenden können. Als Anreiz für eine möglichst schnelle Response wurde unter den ersten 100 Reagierern eine Reise nach *Australien* verlost. Dort sollten sich die Gewinner von der Effizienz des Australischen DRG-Instrumentariums vor Ort überzeugen können. Alle Reagierer erhielten als Antwort auf ihre Response das Mailing der zweiten Stufe.

Wie fit ist Ihr Haus?   3M *Innovation*

Testen Sie sich und Ihr Haus. Füllen Sie diesen Fragebogen aus und schicken Sie ihn im beiliegenden Antwort-Umschlag zu 3M Medica. Noch schneller geht's natürlich per Fax: 0 12 34 / 12 34 56.
Umgehend erhalten Sie eine individuelle Einschätzung über den Stand Ihres Hauses, was die Vorbereitungen zur Umstellung auf das neue Abrechnungssystem der DRGs angeht.
Selbstverständlich werden alle Daten streng vertraulich behandelt. 3M sichert Ihnen zu, dass die hier von Ihnen gemachten Angaben nicht weitergegeben werden.

Angaben zu Ihrem Haus

Name: _____

Krankenhausart:
☐ Grundversorgung ☐ Regelversorgung
☐ Schwerpunktversorgung ☐ Akutkrankenhaus
☐ Versorgungskrankenhaus ☐ Reha-Klinik
☐ Kureinrichtung

Tagesklinik ☐ ja ☐ nein
Ambulanz ☐ ja ☐ nein
Belegabteilung ☐ ja ☐ nein
Kooperativ geführt ☐ ja ☐ nein

Bettenzahl _____
Patientendurchgang (jährlich) _____
Durchschnittliche Verweildauer (in Tagen) _____
Bettenbelegung (in Prozent) _____

1. Welches KIS benutzen Sie?
☐ KIS 1 ☐ KIS 2 ☐ KIS 3
☐ KIS 4 ☐ KIS 5 ☐ KIS 6

☐ sonstiges KIS, nämlich: _____

2. Wird in Ihrem Haus bereits ein Grouper eingesetzt?
☐ ja ☐ nein

Wenn ja, welcher?
☐ Grouper 1 ☐ Grouper 2
☐ Grouper 3 ☐ Grouper 4

☐ anderer, nämlich: _____

3. Nimmt Ihr Haus an einem DRG-Benchmarking-Verfahren teil, d.h. testen Sie die Leistungsfähigkeit Ihres Hauses evtl. in Zusammenarbeit mit anderen Krankenhäusern und Kliniken?
☐ ja ☐ nein
Wenn ja, mit wem? _____
Wenn nein, warum nicht?
☐ Wir würden gerne teilnehmen, aber uns fehlt ein Ansprechpartner
☐ Wir sehen keine Notwendigkeit.
☐ Wir haben z.Zt. keine zeitlichen Ressourcen frei.
☐ Wir haben z.Zt. keine finanziellen Ressourcen frei.

4. Wie haben Sie und Ihre Kollegen sich über die Einführung der DRGs bereits informiert?
☐ noch gar nicht
☐ durch Fachzeitschriften
☐ durch Seminare und Kongresse
☐ durch Gespräche mit Kollegen untereinander

5. Welchem Statement würden Sie am ehesten zustimmen?
Die Einführung der DRGs...
☐ wird unserem Haus mehr Geld kosten als einsparen.
☐ wird unserem Haus mehr Geld sparen als kosten.
☐ macht unser Haus kostenmäßig transparenter.
☐ wird wertvolle Arbeitskraft binden.
☐ kommt zu schnell.
☐ ist längst überfällig.

6. Wer entscheidet in Ihrem Haus über eine Investition wie die Anschaffung einer DRG-Software?
☐ Die kaufmännische Leitung
☐ Der jeweilige Oberarzt
☐ Die EDV-Abteilung
☐ Anderer, nämlich _____

7. Wer nutzt und bedient Ihre derzeitige Abrechnungs-Software?
☐ Ärzte
☐ MTAs
☐ Andere, nämlich _____

8. Ist in Ihrem Hause ein "Drg-Projekt" gegründet worden, befassen sich ein oder mehrere Mitarbeiter intensiver mit dem Thema?
☐ ja ☐ nein

9. Welche DRG-Software kennen Sie?
☐ 3M
☐ Konkurrent 1
☐ Konkurrent 2
☐ Konkurrent 3
☐ Konkurrent 4
☐ Konkurrent 5
☐ Konkurrent 6
☐ Andere, nämlich _____

10. Haben Sie die Umstellung bereits in Ihrem nächsten Jahresetat eingeplant?
☐ ja ☐ nein

Abbildung 9: Der Fragebogen (Vorderseite)

Krankenhausart:
☐ Grundversorgung ☐ Regelversorgung
☐ Schwerpunktversorgung ☐ Akutkrankenhaus
☐ Versorgungskrankenhaus ☐ Reha-Klinik
☐ Kureinrichtung

Tagesklinik   ☐ ja ☐ nein
Ambulanz   ☐ ja ☐ nein
Belegabteilung   ☐ ja ☐ nein
Kooperativ geführt ☐ ja ☐ nein

Bettenzahl _____
Patientendurchgang (jährlich) _____
Durchschnittliche Verweildauer (in Tagen) ____
Bettenbelegung (in Prozent) _____

1. Welches KIS benutzen Sie?
☐ KIS 1   ☐ KIS 2   ☐ KIS 3
☐ KIS 4   ☐ KIS 5   ☐ KIS 6

☐ sonstiges KIS, nämlich: _____

2. Wird in Ihrem Haus bereits ein Grouper eingesetzt?
☐ ja   ☐ nein

Wenn ja, welcher?
☐ Grouper 1   ☐ Grouper 2
☐ Grouper 3   ☐ Grouper 4

☐ anderer, nämlich: _____

3. Nimmt Ihr Haus an einem DRG-Benchmarking-Verfahren teil, d.h. testen Sie die Leistungsfähigkeit Ihres Hauses evtl. in Zusammenarbeit mit anderen Krankenhäusern und Kliniken?
☐ ja   ☐ nein
Wenn ja, mit wem? _____
Wenn nein, warum nicht?
☐ Wir würden gerne teilnehmen, aber uns fehlt ein Ansprechpartner
☐ Wir sehen keine Notwendigkeit.
☐ Wir haben z.Zt. keine zeitlichen Ressourcen frei.
☐ Wir haben z.Zt. keine finanziellen Ressourcen frei.

4. Wie haben Sie und Ihre Kollegen sich über die Einführung der DRGs bereits informiert?
☐ noch gar nicht
☐ durch Fachzeitschriften
☐ durch Seminare und Kongresse
☐ durch Gespräche mit Kollegen untereinander

5. Welchem Statement würden Sie am ehesten zustimmen?
Die Einführung der DRGs...
☐ wird unserem Haus mehr Geld kosten als einsparen.
☐ wird unserem Haus mehr Geld sparen als kosten.
☐ macht unser Haus kostenmäßig transparenter.
☐ wird wertvolle Arbeitskraft binden.
☐ kommt zu schnell.
☐ ist längst überfällig.

6. Wer entscheidet in Ihrem Haus über eine Investition wie die Anschaffung einer DRG-Software?
☐ Die kaufmännische Leitung
☐ Der jeweilige Oberarzt
☐ Die EDV-Abteilung
☐ Anderer, nämlich _____

7. Wer nutzt und bedient Ihre derzeitige Abrechnungs-Software?
☐ Ärzte
☐ MTAs
☐ Andere, nämlich _____

8. Ist in Ihrem Hause ein "Drg-Projekt" gegründet worden, befassen sich ein oder mehrere Mitarbeiter intensiver mit dem Thema?
☐ ja   ☐ nein

9. Welche DRG-Software kennen Sie?
☐ 3M
☐ Konkurrent 1
☐ Konkurrent 2
☐ Andere, nämlich _____

Vielen Dank für Ihre Mühe! Jetzt einfac diesen Fragebogen mit dem beiliegenden Antwort-Umschlag an 3M schicken, oder faxen - wir melden uns umgehend!

Gewinnen Sie doppelt!

Mit 3M Medica können Sie doppelt gewinnen. Auf jeden Fall gewinnen Sie **wertvolle Erkenntnisse** über Ihr Haus. Und mit ein bißchen Glück sogar eine **Reise nach Australien**, die wir unter den 100 schnellsten Einsendern des Fragebogens verlosen. Dort können Sie sich dann in einem Krankenhaus vor Ort von den vielen Vorteilen der 3M-Software überzeugen. Interesse? Dann einfach hier Ihren Namen eintragen:

Name: _____

Position: _____

Am schnellsten geht's per Fax:
0 12 34 / 12 34 56

Sydney - eine unvergleichliche Stadt. 3M Medica wünscht Ihnen viel Glück bei der Verlosung!

Abbildung 10: Der Fragebogen (Rückseite)

5.8 Zweite Mailingstufe

Die *Bestandteile* des Mailings in der zweiten Stufe waren:

- Hochwertiger DIN-A4-Umschlag
- Anschreiben
- Teilindividualisiertes Beurteilungsschreiben
- Produktfolder
- Evtl. Vertragsunterlagen
- Responsekarten bzw. Rückantwort-Umschlag

Das zentrale Element des Mailings war das angeforderte teilindividualisierte *Beurteilungsschreiben*. Teilindividualisiert bedeutet, dass einzelne Abschnitte, die im Vorfeld verfasst worden waren und sich auf die Größe, den bisherigen Kenntnisstand, den Vorbereitungsgrad des Krankenhauses bezogen, nach dem „Baukastenprinzip" zusammengesetzt wurden. So erhielt jeder Interessent eine subjektiv individuelle Beurteilung, ohne dass tatsächlich jeder eingegangene Fragebogen individuell beantwortet werden musste.

Das Beurteilungsschreiben musste auf jeden Fall die Defizite des Hauses herausgearbeitet haben. Im Anschreiben und einem beiliegenden Produktfolder wurden nun die 3M-Produkte als *Lösungsmöglichkeiten* für diese Defizite vorgestellt und angeboten. Mit dem Responseelement konnte man die Produkte gleich bestellen oder einen Termin für eine Produktvorführung vereinbaren.

Der zweistufige Aufbau der Mailing-Kampagne förderte den Aufbau von *Vertrauen* in 3M als „Competence Center" für DRG-Beratung. Durch den Verzicht auf aggressive Produktwerbung, in der ersten Stufe sogar auf Produkthinweise allgemein, fühlt sich der Empfänger ernst genommen. 3M fiel mit dieser Zwei-Stufen-Strategie nicht „mit der Tür ins Haus", sondern baute zunächst ein Image als seriöser, ohne Gegenleistung zur Hilfe bereiter Konzern auf – ein Vertrauensvorsprung, der sich dann in der zweiten Stufe in einem Mehrabsatz von Produkten widerspiegeln sollte.

Teil III: Dialogmarketing-Kampagne zur erfolgreichen Absatzsteigerung des Online Kontokorrentkontos PSD GiroDirekt

Simone Kratz
Carolin Hornauer
Andrea Streller
Björn Wiese
Stephan Hartkens

1. Aufgabenstellung

Anders[5] wurde als „Nachwuchs-Agentur" im Rahmen einer Projektarbeit des Studiums zum Fachwirt für Direktmarketing an der Deutschen Direktmarketing Akademie (DDA) gegründet. Zielsetzung bei der *Formation* des Teams war eine möglichst interdisziplinäre Gruppengestaltung. So haben sich Simone Kratz (Bereich Neue Medien), Carolin Hornauer (Bereich Lettershop), Andrea Streller (Bereich Kreation), Björn Wiese (Bereich Telemarketing) sowie Stephan Hartkens (Bereich IT-Beratung) zusammengefunden, um für den Verband der PSD Banken ein Dialogmarketing-Konzept zur erfolgreichen Absatzsteigerung des Online-Kontokorrentkontos PSD GiroDirekt zu entwerfen.

Das Ziel des Teams Anders[5] ist es, im Dialogmarketing *neue Akzente* zu setzen. Die unterschiedlichen Kernkompetenzen aus den wichtigsten Teilbereichen des Direktmarketings bilden dafür die adäquate Basis. So steht Anders[5] für kompetente und flexible Beratung in den Bereichen Konzeption, EDV und Datenbankmanagement, Telefonmarketing, Text, Grafik und Design sowie Dienstleistungen im Bereich Lettershop.

Basis für die folgende Konzeption ist das *Briefing*-Gespräch, das zwischen der Agentur Anders[5] und dem Marketingkoordinator des Verbandes der PSD Banken stattgefunden hat. Des Weiteren wurde Anders[5] der Kundenmonitor der PSD Banken aus dem Jahre 2000 zur Verfügung gestellt. Alle Informationen wurden in einem Protokoll zusammengefasst und dem Verband der PSD Banken als Rebriefing vorgelegt. Nur durch die Bestätigung der übernommenen Aufgabenstellung kann sichergestellt werden, dass Kunde und Agentur ein einheitliches Ziel verfolgen.

Der Beginn jeder Kampagne ist die umfassende Untersuchung der *Wettbewerbssituation*. Die Agentur hat sich intensiv mit den Gegebenheiten des Kunden, der Wettbewerber und des Marktumfeldes auseinandergesetzt. Mit dem Ergebnis dieser vorbereitenden Analysephase startet die Darstellung der Konzeption der Dialogmarketing-Kampagne. Anders[5] setzt hierbei zunächst auf strategische Bausteine, welche die eigentliche Dialogmarketing-Kampagne unterstützen sollen. Anschließend wird die Kampagne vorgestellt.

2. Beurteilung des Status quo

2.1 Der Auftraggeber und seine Kunden

Die Angebote der Post-, Spar- und Darlehens-Banken repräsentieren in der Bundesrepublik Deutschland neunzehn *PSD Banken* in regionaler Verantwortung. Die PSD Banken sind rechtlich selbständige Unternehmen mit zugehörigem Vorstand und Aufsichtsrat. Alle Banken entwickelten sich aus der ehemaligen Deutschen Bundespost. Ihr Auftrag bestand bis 1992 darin, die Versorgung der Arbeitnehmer/Innen der Deutschen Bundespost mit einem attraktiven Einlagengeschäft und Baukrediten sicherzustellen.

Seit 1992 sind die Banken aufgefordert, ein eigenständiges Leben zu entwickeln. Dabei werden die PSD Banken von der heutigen Deutschen Post AG unterstützt. Seit 1998 gehören die PSD Banken zu den Volks- und Raiffeisenbanken. Dabei wird mit einem Bestand von über einer Million Kunden und einem *Bilanzvolumen* von mehr als 13 Milliarden Euro gearbeitet. Die Kunden verteilen sich mit ca. 700 000 auf Beschäftigte der Post oder Telekom sowie mit 400 000 auf Familienangehörige. Obwohl die Altersstruktur der Kunden recht hoch ist, nutzen bereits 40 bis 50 Prozent das Internet als Informations- und Kommunikationsmedium.

Das Bankgeschäft der PSD Banken wird zu 80 Prozent über die *Medien* Brief und Telefon abgewickelt. Dabei spielt die persönliche Betreuung vor Ort nur eine untergeordnete Rolle. Trotzdem und entgegen der allgemeinen Erwartung kann von einer hohen *Kundenbindung* ausgegangen werden. Die PSD Banken sind aktuell damit beschäftigt, die Produktpalette zu standardisieren und direktbankfähig zu machen.

Direktmarketing ist das entscheidende Mittel, um direkt, schnell und kostengünstig mit Kunden und Interessenten zu kommunizieren. Genau diese Vorteile nutzen viele Direktbanken für sich.

Direktbanken zeichnen sich durch ihre Nähe zum Kunden über die individuelle Kommunikation auf sämtlichen Vertriebswegen aus. Die Direktbank-Kunden nehmen über Telefon, Fax, E-Mail, Internet, SMS und ähnliche Kanäle Kontakt zu ihrer Bank auf.

Die *Kunden* der PSD Banken kommunizieren über genau die erwähnten Kanäle mit ihrer Bank und das, obwohl die meisten die Möglichkeit haben, eine Filiale in ihrer Nähe zu besuchen. Sie verhalten sich bereits wie Direktbank-Kunden. Diese Tatsache möchten die PSD Banken nutzen und ihre Kundschaft über Direktmarketing-Maßnahmen stärker informieren und binden. Indes möchte der Verband der PSD Banken nicht auf die *Filialstruktur* verzichten, die ein wichtiges Qualitätsmerkmal darstellt. Somit haben die Post-, Spar- und Darlehens-Banken die Chance, ihre Kunden effizient über Direktmarketing-Medien zu betreuen, und sie bieten gleichzeitig die Vorzüge eines individuellen Beratungsgespräches in den Filialen. Die PSD Banken sind damit im Wettbewerb den reinen Direktbanken einen Schritt voraus. Ähnlich sieht die Situation auch gegenüber den klassischen Banken aus. Diese müssen ihre Kunden erst mühsam zu

Direktbank-Kunden erziehen, um Kostensenkungspotenziale hinsichtlich der Betreuung durch Direktmarketing-Medien anstatt der klassischen Filiale zu realisieren. Diese *Besonderheiten* gilt es bei der Umsetzung eines Dialogmarketing-Konzeptes für den Verband der PSD Banken zu berücksichtigen und hervorzuheben.

Der PSD Verband, als Auftraggeber von Anders[5], fungiert als Dienstleister für die juristisch selbständigen PSD Banken. Neben der Prüfung der einzelnen Banken ist eine besondere Aufgabe die zentrale *Konzeption* wie auch Unterstützung der Marketing- und Vertriebsaktivitäten. Aus dieser Funktion heraus stellt der Verband die Aufgabe an die Dialogmarketing-Agentur Anders[5].

Nach einer Analyse der PSD Banken schätzen die Kunden deren regionale Geschäftsstruktur. So werden die Banken bundesweit als sehr persönlich und ehrlich angesehen. Ein besonderes Plus der PSD Banken sind die objektiv überdurchschnittlich guten Konditionen. Dieser *Konditionenvorteil* wird auch von den Kunden wahrgenommen und positiv beurteilt. Alle PSD Banken arbeiten mit einem im Bankenvergleich überdurchschnittlich hohem Durchschnittsalter ihrer Kunden. Diese Kunden zeichnen sich durch höhere Einkommen aus.

2.2 Zielsetzung für die Agentur

Historisch gewachsen, verwalten die PSD Banken einen Großteil an Einlage- sowie Baukreditkonten. Diese Bestandskunden sollen durch die Nutzung eines Online-Kontokorrentkontos enger an die PSD Banken *gebunden* und gegen Abwerbungsversuche anderer Kreditinstitute immunisiert werden.

Ziel der Aufgabenstellung ist es, durch eine unkonventionelle und außergewöhnliche Dialogmarketing-Kampagne diese Bestandskunden zum Abschluss des Online-Kontokorrentkontos *PSD GiroDirekt* zu bewegen.

Das Ziel des kurzfristigen Abschlusserfolges durch die Kampagne von Anders[5] soll die Kunden langfristig an die PSD Banken binden. Ein wichtiger Baustein der Kampagne zur Stärkung der *langfristigen Bindung* wird ein Imagewandel von dem traditionellen Auftritt der PSD Banken hin zu einem modernen und jüngeren Erscheinungsbild sein. Die CI-Bestandteile (LOGO, Bogen und Farbe) müssen hier ihre Berücksichtigung finden.

2.3 Festlegung der Zielgruppe

Der PSD Verband hat die *Zielkundenmenge* der Dialogmarketing-Kampagne mit der Aufgabenstellung fest umrissen. Es werden vornehmlich Bestandskunden im Alter zwischen 20 und 45 Jahren akquiriert, die hauptsächlich aus dem Umfeld der Deutschen Post AG, der Telekom AG und dem Öffentlichen Dienst stammen.

Die *Einkommenssituation* ist nach Angaben des Verbandes im Zielkundensegment überdurchschnittlich hoch. Durch ihr Informations- und Kommunikationsverhalten sind die Kunden gewohnt, per Brief oder Telefon informiert zu werden. Der Großteil verfügt über einen Internetanschluss, was auf eine hohe Affinität zu *elektronischen Medien* schließen lässt und unbedingt bei der Konzeptionserstellung berücksichtigt werden muss.

Der *Etat* für die Marketing-Strategie wird aus den Mitteln des Verbandes bestritten. Kosten und Ertrag der Kampagne haben in einem angemessenen Verhältnis zu stehen. Zusätzliche Effekte der Dialogmarketing-Kampagne, wie beispielsweise langfristige Kundenbindung oder Steigerung der Bekanntheit und des Images fließen in die Etatüberlegungen mit ein.

2.4 Bisherige Konzepte der PSD Banken

Die Verkaufsaktivitäten der PSD Banken konzentrierten sich in der Vergangenheit auf die Medien Mailing und Telefon. Mit dem Auftrag an Anders[5] fordert der Verband eine stärkere Ausrichtung der Kampagne auf die *Integration* von verschiedenen Medien und deren *Dialogfähigkeit* mit der Zielgruppe. Denn der Entwicklung vom Produktmarketing hin zum kundenorientierten Marketing steht mit dem Dialogmarketing die nächste Stufe bevor: *Individualisierung* aller Marketing-Maßnahmen, die auf die individuellen Bedürfnisse eines einzelnen Kunden eingehen.

Die vorhandenen Kundeninformationen sollen zukünftig in einer zentralen *Datenbank* inklusive der gesamten Kontakthistorie aller Vertriebswege gespeichert werden und als Grundlage für individualisierte Direktmarketing-Aktivitäten dienen. Der Aufbau und Inhalt von Datenbanken hat im Dialogmarketing eine herausragende Bedeutung, sodass der folgende Abschnitt einen Exkurs in die grundlegende Architektur eines *Database-Marketing-Systems* darstellt.

Mit Ausnahme von Versandhäusern existieren in keiner Branche so *detaillierte Datenbanken* wie bei Sparkassen/Banken, Versicherungen, Kreditkarten-Organisationen oder Leasinggesellschaften. Für alle Unternehmen dient die Datenbank notwendigerweise als Grundlage der Geschäftsabwicklung. Deshalb ist es besonders wichtig, die anfallenden Daten nicht nur zu sammeln, sondern die Chancen und Möglichkeiten eines intensiven Datenbank-Marketings zu nutzen.

Anforderungen an ein Database-Marketing-System:

Alle Database-Systeme haben das große Ziel, Information, Kommunikation und Geschäftsprozess miteinander wirksam zu verknüpfen. Infolgedessen sind in einem Database-Marketing-System grundsätzlich alle *Informationen* aufzunehmen, welche:

- zur *Identifikation* und gezielten Ansprache von Zielpersonen beitragen,
- einen nachhaltigen *Einfluss* auf das Kaufverhalten haben,

- etwas über die Wahrscheinlichkeit eines *Geschäftsabschlusses* aussagen,
- *Transparenz* über die bisherigen Transaktionsepisoden schaffen,
- einen potenzialorientierten Einsatz der Medien zur Kommunikation erlauben,
- Grundlage der *Erfolgskontrolle* und der Erfolgsprognose sein können.

Die Informationsfelder einer Datenbank müssen deshalb hinsichtlich zweier *Datendimensionen* unterschieden werden.

Die *Datentiefe* beschreibt die zu jeder einzelnen Person verfügbaren Daten und entscheidet darüber, ob dem Anspruch an Individualität Rechnung getragen werden kann. Alle Aktions- und Reaktionsdaten ergeben im Laufe der Kundenbeziehung eine einzigartige Kontakt- und Kampagnenhistorie, die regelmäßig in den Dialog eingebaut werden sollte.

Die *Datenbreite* beinhaltet Grundinformationen über Kunden. Diese Datenfelder sind bei jedem Kunden gefüllt. Sie entscheidet über die Möglichkeiten der Zielgruppenbildung. Diese Daten sollten möglichst zu jedem Kunden vorliegen, um bei Selektionen nicht schon im voraus Zielgruppen zu vernachlässigen.

2.5 Produktdarstellung

Aus der Aufgabenstellung an Anders[5] geht hervor, dass mit der Kampagne der Absatz eines bestimmten Produktes gefördert werden soll. Bei dem zu bewerbenden Produkt handelt es sich um das *Online-Kontokorrentkonto PSD GiroDirekt*, welches mit vielfältigen Zusatzleistungen verknüpft ist.

Folgende *Merkmale* zeichnen dieses Produkt besonders aus:
- keine Kontoführungsgebühr
- kein Mindesteinkommen
- Auszüge gebührenfrei
- Tagesgeldkonto mit gestaffelten Zinsen
- Dispositionskredit über drei bis fünf Monatsgehälter
- jederzeit kündbar
- Einlagen und Kontokorrentkredit jederzeit verfügbar
- Zugriff direkt über Internet ohne zusätzliche Software

2.6 Analyse der Wettbewerbssituation und Strategieüberlegungen

Einer gezielten Dialogmarketing-Kampagne geht immer eine detaillierte Analyse der *Wettbewerbsunternehmen* und -produkte voraus. Anders[5] konzentrierte sich bei seiner Recherche auf das Angebot von Banken und Sparkassen im World Wide Web (www). Das Ergebnis dieser Untersuchung zeigte auf, dass Online-Kontokorrentkonten von vielen Instituten zu ähnlichen Konditionen angeboten werden. So bietet die Postbank, als Hauptwettbewerber der PSD Banken, ein Postbank Giro plus auf ihren Online-Seiten (www.postbank.de) an, welches dem Angebot der PSD Banken nahe kommt. Auch andere Finanzdienstleister bieten entsprechende Kontokorrentkonten an. Nach Auffassung von Anders[5] sind die entscheidenden *Differenzierungsmerkmale* der Angebote für den Kunden nur durch intensive Prüfung erkennbar.

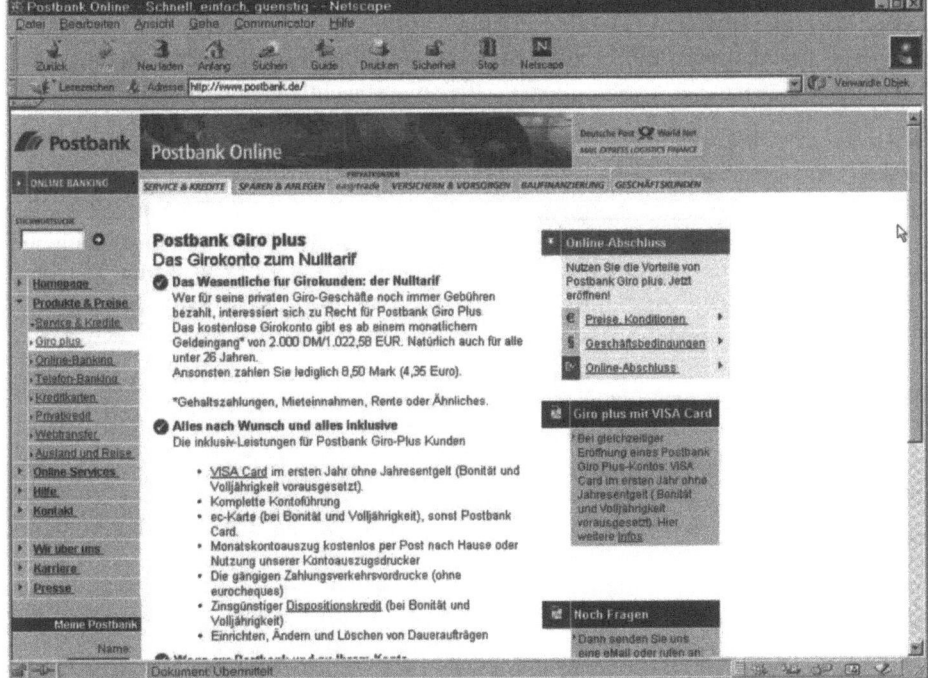

Abbildung 1: Postbank

Die meisten Produkte und Dienstleistungen sind infolgedessen nicht „unique", sondern ähneln denen der Wettbewerber. Dieses Charakteristikum trifft auch auf das Online-Kontokorrentkonto der PSD Banken zu. Das Konto unterscheidet sich in erster Linie nicht mehr durch seine objektiven Leistungsmerkmale, sondern durch die subjektiv wahrgenommenen, häufig auch nur *kommunikativen Unterschiede* vom Wettbewerber.

Um das zu erreichen, ist eine differenzierte *Kommunikationspolitik* notwendig, die über werbliche Aussagen eine Marke am Markt etabliert.

Marken geben den Verbrauchern in einem „Wirrwarr" von Angeboten eine wichtige Orientierung. Diese Erkenntnis, die schon seit Jahrzehnten das Streben der Konsumgüterindustrie bestimmt, hat sich auch in der Finanzdienstleistungs-Branche etabliert. Das nicht greifbare Produkt PSD GiroDirekt muss erlebbar gemacht werden und über die Marke PSD positioniert werden.

Wichtige grundlegende Kriterien für die *Positionierung* eines Online-Kontokorrentkontos sind Attribute wie sicher, vertrauenswürdig und zuverlässig. Diese reichen aber in der Regel noch nicht aus, um eine Marke zu etablieren, sondern sind vielmehr die Basis für eine starke Marke. Denn da, wo die Qualität von Verbrauchern nicht mehr einfach beurteilt werden kann, muss die Marke so emotional besetzt sein, dass sie den Kunden eine Orientierung zu geben vermag und sie auch langfristig an sich binden kann. Dabei bildet die *Kommunikationspolitik* das „Sprachrohr" des Marketing und nimmt angesichts der Angebotsfülle in allen Bereichen, die die natürliche Profilierung eines Unternehmens über sein Angebot immer schwieriger macht, eine wachsende Bedeutung ein.

Erklärtes Ziel von Anders[5] ist es, die Marke PSD Stück für Stück so zu besetzen, dass sich besonders *junge Kunden* angesprochen fühlen. Bei dieser Zielgruppe gelingt das zum Teil über die kommunikative Vermittlung eines Lebensgefühls. Doch gerade junge Menschen suchen über die eigentliche Leistung hinaus noch nach Mehrwerten, die ihnen eine Bank bieten kann. Alles zusammen genommen bewirkt, dass junge Menschen an diese Marke glauben und in sie langfristig investieren.

Auch Kundentreue ist nicht mehr über objektive Produktvorteile zu erreichen, sondern vielmehr über eine *emotionale Bindung* der Kunden an die Marke. Darüber hinaus spielen auch Service- und Qualitätsversprechen eine wichtige Rolle bei der Entscheidungsfindung. Die Entscheidung für das eine oder andere Girokonto hängt in großem Maße davon ab, welches Image und Lebensgefühl die Bank und ihre Produkte vermitteln.

Markenpositionierung ist ein langfristiger Prozess. Mindestens ebenso lange dauert ein Imagewandel einer Bank. Er muss Schritt für Schritt vollzogen werden, muss sich fast unterschwellig vollziehen und sich den Kunden und ihrer Lebenswelt immer wieder anpassen.

Eine *Markenstrategie* für die PSD Bank ist die deutliche Verjüngung der Kunden; in der Konsequenz muss auch das Image der Bank durch verschiedene Maßnahmen der wichtigsten Zielgruppe angepasst werden. Gleichzeitig dürfen die Bestandskunden nicht durch übertrieben jugendliche Kampagnen verstimmt werden. Es muss hier behutsam und langsam vorgegangen werden.

Da die Markenpflege in erster Linie über die Kommunikation geschieht, ist es eine wichtige Aufgabe des Dialogmarketing-Konzepts, richtungsweisende Elemente für einen *Imagewandel* zu etablieren. Finanzdienstleister sind gerade in der heutigen, schnelllebigen Zeit dazu aufgefordert, auf die Vorstellungen ihrer Kunden einzugehen und ihnen über die eigentliche Marke hinaus einen Mehrwert zu bieten. Bei der Etablierung der Marke PSD können die von den PSD Kunden positiv eingeschätzten Merkmale unterstützend wirken: ehrliche und persönliche Beratung, Seriosität und überdurchschnittlich gute Konditionen.

Zentrale Aspekte in der Kommunikationspolitik sind deshalb fünf strategische Bausteine, die in der Summe eine *Unverwechselbarkeit* der PSD Banken und des Produktes PSD GiroDirekt anstreben:

- Key Visual
- Unique Advertising Proposition (UAP)
- Emotionale Ansprache
- Multi Channel Dialog
- Value Added Services

3. Strategische Bausteine der Dialogmarketing-Kampagne

3.1 Key Visual

Ein Logo oder *Key Visual* ist das wichtigste Wiedererkennungsmerkmal in der Bildsprache eines Unternehmens. Es steht als Symbol für das Unternehmen und wirkt als Eye-Catcher für Kunden und Interessenten. Eine Veränderung des Logos führt zu einem tiefen Eingriff in die Identität eines Unternehmens, in diesem Falle der PSD Banken.

Aufgrund der großen Veränderungen im Banken-Bereich der letzten Jahre ist es notwendig geworden, mit einem neuen und innovativen Logo Akzente zu setzen. Dabei wurde das Logo unter Beibehaltung der gestalterischen Merkmale weiterentwickelt und verändert. Es wird als eigenständiges Wiedererkennungsmerkmal neben dem bisherigen Logo der PSD Banken stehen.

Abbildung 2: Bisheriges PSD Logo   **Neues Logo für Online-Aktivitäten**

3.1.1 Die Gestaltungsmerkmale

Verschiedene Elemente sind charakteristisch für das Logo der PSD Banken. Dazu gehören die Farbe, die Form, die Schrift und der Bogen. Bei der *Farbe* handelt es sich um ein Grün (HKS 54), das eine sehr solide und beruhigende Wirkung hat. Die *Typografie* ist außergewöhnlich, da sie individuell zusammengestellt ist. Über den Schriftzug ist ein sehr markanter *Bogen* gespannt, der sich neben dem Logo auch durch sämtliche Werbemittel zieht. Die Form des bestehenden Logos ist ebenso auffällig: ein Quadrat. Somit hat es einen klaren Rahmen bekommen.

Bei der *Weiterentwicklung* des Markenzeichens der PSD Banken wurden diese gestalterischen Elemente beibehalten und nur durch neue ergänzt. Somit ist es den Kunden immer noch möglich, die PSD Banken in diesem Logo wieder zu erkennen und gleichzeitig eine neue Ausrichtung festzustellen.

Durch nur einige kleine Variationen ist ein neues Element entstanden. Das bestehende Logo ist mit einem Rand umgeben, sodass es jetzt einen *dreidimensionalen* Charakter bekommt. Außerdem wurde noch ein im Internet üblicher *Pfeil* hinzugefügt. Dieser Pfeil symbolisiert den Klick auf das Logo bzw. den Button. Damit ist das bisherige klassische Key Visual der neuen Umgebung angepasst und kann auch aktiv als Klick Button verwendet werden.

3.1.2 Inhaltliche Merkmale

Traditionell sind die Kunden der PSD Banken sehr affin gegenüber dem *Direktmarketing*, reagieren stärker auf Mailings und nutzen häufiger das Telefon als Kontaktmittel als Kunden anderer Banken. Mit dem Key Visual ist ein Merkmal geschaffen, das den Kunden in allen Online-Medien zur Orientierung dienen wird.

Das neu geprägte Key Visual trägt des Weiteren dazu bei, alle *Online-Aktivitäten* der PSD Banken stärker von den Offline-Angeboten zu unterscheiden. Durch die Verwendung als Logo und als Klick Button ist es möglich, das Key Visual im Online-Bereich sehr breit gestreut anzuwenden und somit stärker bei Kunden und auf dem Markt zu penetrieren. Über dieses neue Logo werden die Online-Angebote sichtbarer und erlebbarer gemacht. Gleichzeitig können aber auch klassische Werbemittel, die Online-Produkte bewerben, dieses Logo tragen und für noch mehr Aufmerksamkeit sorgen.

3.1.3 Aktive Nutzung und zugleich Penetration des Key Visuals

Anders[5] empfiehlt in seiner Konzeption die aktive Verwendung des Key Visuals. Das Logo für alle Online-Aktivitäten der PSD Banken entwickelt sich so vom Wiedererkennungsmerkmal zum verbindenden Element zwischen Kunde und Bank.

Einige Beispiele für die *Verwendungsmöglichkeiten* zeigt die folgende Aufstellung:

- *Call-Back-Button* im Internet für Interessenten, die zurückgerufen werden wollen. Dieser Service kann über eine direkte Anbindung an ein professionelles Call-Center realisiert werden.
- *Check-In-Button* für PSD GiroDirekt für Kunden, die Transaktionen auf ihrem Konto vornehmen wollen.
- *Click-On-Button* für Informationsanforderungen, Kundenforum, geschlossener Userkreis oder einfach, um auf eine neue Website zu klicken.

Weiterhin steht das entwickelte PSD Logo als Symbol für die neue und innovative Ausrichtung der PSD Banken. Damit wird neben der klassischen, filialgestützten Beziehung zwischen Bank und Kunde das *Online-Banking* deutlich hervorgehoben. Gleichzeitig trägt das Key Visual dazu bei, die Bildsprache zu verjüngen und den Gesamtentwicklungen der Branche Rechnung zu tragen.

Diese starke Aussagekraft des neuen Logos sollte in den Printmedien unbedingt penetriert werden. Der PSD Button ist als Kennzeichen für alle Online-Aktivitäten der Bank zu positionieren. Die *Einsatzfelder* sind hier:

- Anzeigen
- Informationsflyer
- Broschüren
- Kundenzeitung
- Mailings
- Give-aways
- Printwerbung in den Filialen

Die Veränderung der Bildelemente, insbesondere des Key Visuals, ist ein Teil, der langfristig zu dem angestrebten Imagewandel der PSD Banken und der damit beabsichtigten *Verjüngung* der Kundenstruktur beiträgt.

3.2 Unique Advertising Proposition (UAP)

Der *UAP* ermöglicht eine kommunikative Alleinstellung, auch wenn die objektiven Produktmerkmale keine Alleinstellung zulassen, das heißt, es keine Unique Selling Proposition gibt. Über den UAP können die Werte kommuniziert werden, mit denen sich die Kunden letztendlich identifizieren. Über alle Branchen hinweg werden solche Claims genutzt, um sich vom Wettbewerber abzugrenzen und Kunden an sich zu binden.

Der von Anders[5] entwickelte UAP für die PSD Banken lautet:

Persönlich Sicher Direkt

Der Claim wurde entsprechend der Buchstaben PSD ausgewählt. *Persönlich* spiegelt das Image, das die PSD Banken bei ihren Kunden genießen, wider.

Die Eigenschaft *sicher* ist gerade im Bereich des Online-Bankings sehr wichtig. Vertrauliche Daten und Informationen werden über das Netz verschlüsselt an die Bank geschickt. Ohne dieses Sicherheitsversprechen sind keine Onlinetransfers denkbar.

Direkt steht für den angestrebten, direkten Kundenkontakt. Die PSD Banken zeichnen sich auch dadurch aus, dass sie ihren Kunden den Kontakt über alle Kommunikationskanäle ermöglichen und darüber schnell und individuell im Kundendialog stehen.

3.3 Emotionale Ansprache

Ein weiterer wichtiger Baustein für eine erfolgreiche Dialogmarketing-Kampagne ist die *emotionale Ansprache*. Online-Banking soll Spaß machen. Die Angst vor den unbekannten und virtuellen Bankgeschäften soll genommen werden.

Über die emotionale Ansprache kann dargestellt werden, wie toll Online-Banking mit den PSD Banken ist. Es wird ein Lebensgefühl vermittelt. Jung, dynamisch, modern – Eigenschaften, die der Zielgruppe entsprechen. Mit geeigneten Bildmotiven wird eine erstrebenswerte Lebenswelt vermittelt.

Die emotionale Ansprache muss sich sowohl in der Text- als auch Bildsprache wiederfinden und sich gegenseitig ergänzen. Nur so kann das angestrebte *Image* noch stärker visualisiert werden. Die Entscheidung für PSD GiroDirekt wird durch rationale Argumente in den werblichen Aussagen unterstützt.

3.4 Multi Channel

Multi Channel, viele Kanäle. Ein Begriff, der in der Banken-Branche umgeht und mittlerweile fast zum Standard geworden ist. Darunter ist ein *einheitlicher Dialog* mit dem Kunden auf allen Kommunikations-Kanälen zu verstehen: Telefon, Fax, E-Mail, Internet, mobile-banking, Brief oder der persönliche Kundenkontakt in der Bank.

Die PSD Banken haben schon ein sehr gut ausgebautes Kommunikationsnetz. Dennoch können ständige Verbesserungen, wie beispielsweise die Verkürzung der Bearbeitungszeit von Anfragen per E-Mail zu mehr Kundenzufriedenheit beitragen und weitere neue Entwicklungen, wie z. B. Mobile-Banking und SMS-Marketing können in das Kommunikationsspektrum aufgenommen werden.

3.5 Value Added Services

Es ist für den Kunden entscheidend, welchen *Mehrwert* das Unternehmen oder die Bank dem Kunden bieten kann. Der Kunde fordert neben dem eigentlichen Produkterlebnis noch weitere Zusatzleistungen. Diese Sonderservices ermöglichen es, die Bank oder das Produkt stärker spürbar zu machen. Je höher die individuelle *Erlebnisqualität* bei den Kunden ist, desto stärker fühlt sich der Kunde an seine Bank gebunden. Die Bank ermöglicht ihren Kunden, ihren persönlichen Lebensstil zu entfalten, neue Erfahrungen zu machen und Dinge neu zu erleben. Dieser Zusatznutzen vermag Kunden an ein Produkt zu binden. Insofern ist die *subjektive Nutzenbewertung* wichtig, denn sie erhöht den Eindruck der Gesamtleistung. Gleichzeitig ist es ein wichtiges Kriterium, um sich gegenüber dem Wettbewerber abzugrenzen.

Diese Mehrwerte müssen zu dem Produkt und der Bank passen, ansonsten werden sie nicht ernst genommen. Außerdem müssen sie gezielt auf die jeweilige Zielgruppe abgestimmt sein. Vorstellbar sind *Value Added Services*, die nah am Produkt sind oder aber gar nicht damit in Verbindung stehen und somit einen echten Mehrwert bieten:

- Newsletter mit Informationen über die verschiedenen Geldanlagen
- Währungsrechner, Rechner für Vermögensanlage usw.
- Ticker auf der Homepage über die Aktienkurse
- günstige Reiseangebote
- Verkauf von Konzertkarten
- Ausstellungen oder Lesungen in den Filialen

Die bereits vorgestellten *fünf Bausteine* (Key Visual, UAP, emotionale Ansprache, Multi-Channel-Dialog und Value Added Service) bilden die Grundlage der Dialogmarketing-Kampagne. Damit die gewünschten Ziele erreicht werden können, müssen darüber hinaus klassische und zugleich kontinuierliche Maßnahmen zur Unterstützung eingesetzt werden.

Die von Anders[5] entwickelte Dialogmarketing-Kampagne wird durch derartige *kontinuierliche Maßnahmen* unterstützt. Im folgendem Abschnitt werden diese Möglichkeiten dargestellt und mit Beispielen ausgeführt.

4. Kontinuierliche verkaufsunterstützende Dialogmaßnahmen

Um die geplante Absatzsteigerung zu realisieren, wurde eine *mehrstufige* und *integrierte* Kampagne entwickelt. Die einzelnen Bestandteile der Kampagne bauen dabei zeitlich und inhaltlich aufeinander auf und können je nach Kundenreaktion auch variabel eingesetzt werden.

Die kontinuierlichen Maßnahmen sollen die *Erfolgsaussichten* der gesamten Dialogmarketing-Kampagne verbessern. Ihnen kommt die zentrale Aufgabe zu, jederzeit präsent zu sein (Steigerung des Bekanntheitsgrades des Produktes) und eine gute Erreichbarkeit (Abschluss auch außerhalb der Kampagne möglich) für alle Kunden auf allen möglichen Kanälen zu sichern.

Ebenso wie die Bestandteile der Dialogmarketing-Kampagne müssen auch die kontinuierlichen Maßnahmen aufeinander aufbauen, also der Entwicklungsstufe des Kundenkontaktes entsprechen. Aus diesem Grund wird in der Einführungsphase eines unbekannten Produktes die Aufnahme von Informationen so einfach wie möglich gestaltet. Hierbei werden alle Kommunikationswege (*Multi-Channel*) genutzt. Erlebt der Kunde die Information über das Produkt als angenehm und leicht verständlich, so kann er seinen Nutzen direkt erkennen.

Drei *Medien*, die den Erfolg der Werbekampagne zur Einführung des PSD GiroDirekt kontinuierlich unterstützen sollen, spielen innerhalb dieser Kampagne eine besonders große Rolle. Diese Medien bestehen bereits als Instrumente innerhalb der PSD-Banken, und ihr Einsatz soll lediglich erweitert werden. Bei den diskutierten kontinuierlichen Maßnahmen handelt es sich um folgende drei Bereiche:

- Kundenzeitschrift
- Internet
- Filialen

4.1 Kundenzeitschrift

Alle PSD-Banken veröffentlichen viermal jährlich eine *Kundenzeitschrift* mit einer Auflage von 800 000 Exemplaren. Sie erscheint jeweils in 19 Versionen, wobei jeder Filiale im Bundesgebiet eine eigene Version zukommt. Darin kann jede Filiale individuell auf ihre Produkte hinweisen.

Die Kundenzeitschrift soll für die *Bekanntmachung* des Online-Kontokorrentkontos eingesetzt werden. Sie wird redaktionelle Beiträge enthalten, in denen die Vorteile und der Nutzen für die Kunden der PSD-Banken erläutert werden. So können die Banken den Bekanntheitsgrad des Produktes in der Zielgruppe steigern und gleichzeitig die Kunden Schritt für Schritt an das neue Produkt heranführen.

Die Zeitschrift bietet außerdem die Möglichkeit, aufmerksamkeitsstarke Antwortkarten als *Responseelement*, ähnlich dem Einstiegsmailing der Kampagne einzulegen. Darüber können die Kunden Informationsmaterial anfordern. Diese Anforderung von Informationen über die Responsekarte bildet zugleich den Einstieg in den individuellen Dialog mit dem Kunden.

Vorteil dieser Art von Kundenwerbung ist, dass die Banken das schon bestehende Medium Kundenzeitschrift nutzen und nur geringe Zusatzkosten entstehen.

Darüber hinaus rät Anders[5], ausgewählte *Testimonials* zur Empfehlungswerbung einzusetzen. Im Fall der PSD Banken sollten zufriedene Kunden oder Persönlichkeiten des öffentlichen Lebens ausgewählt werden, die der angestrebten Zielgruppe entsprechen. Es müssen Personen sein, die die Botschaft „Persönlich Sicher Direkt" verkörpern und das angestrebte Image transportieren. Diese Art von Erfahrungsberichten bildet für viele Leser einen bedeutenden Ansporn, sich näher mit dem Produkt auseinander zu setzen. Gleichzeitig vermitteln sie Glaubwürdigkeit und fordern in Folge der dargestellten persönlichen Zufriedenheit die Leser auf, dieses neue innovative Angebot zu nutzen.

Sowohl der redaktionelle Beitrag, das Responseelement, als auch die Berichterstattung des Testimonials müssen zeitlich aufeinander abgestimmt werden, damit es zu einer möglichst breiten Aufmerksamkeit bei den Lesern kommt. Zuerst sollte der *redaktionelle Beitrag* mit allgemeinen Fakten und Vorteilen des Online-Kontokorrentkontos veröffentlicht werden. Parallel dazu kann die *Responsekarte* als Bestellmöglichkeit für Informationen fungieren. Da es sich um eine Online-Dienstleistung handelt, sollte unbedingt die Internet- und E-Mail-Adresse angegeben werden. Natürlich darf die Telefonnummer des Quality-Centers auch in der Kundenzeitschrift nicht fehlen. Vielmehr sollte sie hier fester Bestandteil der Reaktionsmöglichkeiten sein.

Zeitlich gesehen sollte der Erfahrungsbericht des Testimonials nach dem Launch des Produktes in einer Folgeausgabe der Kundenzeitschrift veröffentlicht werden. So ist sichergestellt, dass sich bereits viele Kunden für das PSD GiroDirekt entschieden haben.

Im Anschluss an die Einführung des neuen Produktes können sich die *Inhalte* der Zeitschrift analog zu der Kampagne entwickeln. In jeder weiteren Ausgabe besteht so die Möglichkeit zur Veröffentlichung aktueller Beiträge. Aufeinander aufbauend können die Kunden behutsam, Schritt für Schritt, an das neue Produkt herangeführt werden.

4.2 Internet

Das Internet ist die Plattform, über die das Online-Girokonto den Kunden zur Verfügung gestellt wird. Es ist *Informationsmedium* und *beworbenes Produkt* zugleich. Dort, wo sich der Interessent über Vorteile und Fakten informiert, kann auch das Produkt durch eine Konto-Demonstration mit gestellten Daten oder durch eine Flash-Animation dargestellt werden. Besonders penetriert wird im Internet das neu entwickelte Key Visual, das in allen Bereichen, wie z. B. Call-Back-Button oder Log-In-Button angewendet wird.

Somit ist der Internetauftritt eine kontinuierliche Maßnahme. Durch die unmittelbare Nähe zum Produkt gilt das Internet als eine der wichtigsten Informationsquellen für das PSD GiroDirekt. Im World Wide Web sollten – wie in der Kundenzeitschrift – *redaktionelle Beiträge* mit Vorteilen und den wichtigsten Produkteigenschaften zu finden sein. Dabei ist es wichtig, dass sich diese Beiträge auf das Wichtigste beschränken und inhaltlich und gestalterisch auf das Internet abgestimmt sind. Auch Testimonials sind als

Anreiz für Interessenten zu empfehlen, um das Produkt vorzustellen. Auf dieser Plattform kann das Girokonto sogar interaktiv durch das *Demo-Konto* erlebbar gemacht werden. So wird dem Kunden das Produkt spielerisch näher gebracht. Er kann dadurch genauere Vorstellungen über Inhalt und Funktionalitäten erhalten und verliert die Scheu vor dem unbekannten Produkt.

Die *Vorteile* der Homepage bestehen darin, dass sie verschiedene Kriterien miteinander vereinen kann. Sie sollte zunächst Informationen über Daten der Bank und ihre Mitarbeiter enthalten. Des Weiteren werden verschiedene Produkte vorgestellt und an Beispielen näher erläutert. Einen wichtigen Bestandteil der Internetnutzung könnten Finanztipps auf der Homepage darstellen. Informationen zu Aktien, Krediten etc. können hier abrufbar sein.

Voraussetzung dafür ist der *Relaunch* der Homepage. Content und Aufbau müssen sich einer Neugestaltung und Überarbeitung unterziehen. Der Auftritt muss benutzerfreundlicher und übersichtlicher gestaltet werden. Anders[5] hat hierzu entsprechende Vorschläge entwickelt, die sich in den Mailings der Kampagne wiederfinden.

Um den persönlichen und direkten Kontakt auch über den Internetauftritt zum Kunden herzustellen, kann eine *Personalisierung* bestimmter Seiten über Cookies realisiert werden. Diese ermöglichen, dass der Kunde beim Betreten der Seite oder eines geschlossenen User-Kreises mit seinem Namen angesprochen wird. Weitere individuelle Einstellungen sind darüber hinaus möglich, z. B. die Auswahl von bestimmten Informationen, die automatisch auf der Seite erscheinen.

Ein wesentlicher Faktor für die Attraktivität einer Internetseite ist das Schaffen von zusätzlichen *Mehrwerten* für den Kunden. Der Kunde soll sich auf der Seite wohl fühlen und sich möglichst intensiv damit beschäftigen. Das tut er nur, wenn er über das eigentliche Ziel hinaus, nämlich Kontostandsbewegungen zu veranlassen, für ihn interessante Zusatzinformationen erhält. Eine *aktive Beschäftigung* mit den PSD-Seiten kann über folgende Elemente erreicht werden:

- Schnupperkonto
- Pop-Up-Fenster
- Call-Back-Button
- Online-Beratung
- geschlossener Userkreis für die jüngere Zielgruppe
- User-Chat für Kunden
- Feedback- oder Kontaktmöglichkeiten
- Flash-Animationen für optische Anreize
- personalisierte Newsletter
- Finanztipps und Eurorechner

Mittels der Einführung eines so genannten „*Schnupperkontos*" wird dem User eine Möglichkeit geschaffen, mit Beispiel-Daten die Funktionen und den Aufbau des Programms zu testen. Er kann sich so mit dem Produkt vertraut machen, abschätzen, inwiefern es seinen Ansprüchen gerecht wird und welche Vorteile es ihm konkret bietet. Auf diesem Weg wird wiederum Vertrauen in die Bank und das Produkt entwickelt.

Mit Hilfe von *Pop-Ups* besteht die Möglichkeit, auf der Internetseite Werbung für das neue Produkt einzubringen. Pop-Ups können alternativ zu Werbebannern eingesetzt werden. Hierbei handelt es sich um Fenster, die sich automatisch beim Start einer Internet-Seite öffnen. Sie sind im Vergleich zum Banner wesentlich aufmerksamkeitsstärker und können durch ihre Größe mehr Inhalt transportieren. Die Vorteile und Funktionen des Produktes werden dem Kunden so ständig kommuniziert. Veränderungen und Neuheiten erscheinen dem User automatisch vor Augen. Er muss sich nicht erst auf die Suche machen.

Eine weitere Möglichkeit für den Einsatz im Internet ist der *Call-Back-Button* in Form des neuen PSD-Key Visuals. Sobald ein Interessent oder Kunde einen solchen anklickt, erreicht das angeschlossene *Quality-Center* umgehend eine Meldung, dass diese Person unter der angegebenen Rufnummer zurückgerufen werden möchte. Dieser Rückruf-Service ist für die Kunden hilfreich, da er einfach zu bedienen ist und die Möglichkeit beinhaltet, in kürzester Zeit die gewünschten Informationen zu erhalten. Die Funktion des Call-Back-Button ist kostenlos. Die Möglichkeit, Informationsmaterial über das neue Produkt anzufordern oder Fragen an eine kompetente Kundenberatung zu stellen, ist somit nur ein Mausklick entfernt.

Da die PSD Banken mit dieser Kampagne eine Verjüngung der Kundenstruktur anstreben, sollte den jungen Menschen auch auf der Homepage besondere Beachtung zukommen. Es sollte für die jüngere Zielgruppe einen *geschlossenen Userkreis* auf der Homepage geben, der nur mit einem bestimmten Code, z. B. dem Geburtsjahr des Kunden zugänglich ist.

Auf diesen speziell für die jüngere Zielgruppe entwickelten Seiten besteht die Möglichkeit, neben den Produktinformationen auch aktuelle Berichte erscheinen zu lassen. Denkbar wären ergänzende Zusatzinformationen zu speziellen Events oder Tipps für den Umgang mit dem Internet, neue Bildschirmschoner zum Download oder interessante Links. Auf diese Weise können die User die PSD-Homepage nicht nur für das Verwalten ihrer Finanzen nutzen, sondern auch, um News über die für sie relevanten Themen zu erfahren.

Dieser Mehrwert führt dazu, dass die Kunden die Homepage mit einer *höheren Frequenz* besuchen. Das Interesse könnte außerdem durch Gewinnspiele und Userbefragungen gesteigert werden. Ein User-Chat für die PSD-Kunden kann zur stärkeren Identifizierung mit ihrer PSD Bank beitragen.

Bei allen Aktionen darf der Aspekt der *Kontinuität* und das aufeinander Abstimmen der unterschiedlichen Ideen nicht aus den Augen verloren werden.

Eine Online-Beratung und eventuelle Terminvereinbarungen mit den Mitarbeitern sind hier möglich. Die Kunden sollten in einer so genannten „*Feedback-Ecke*" die Möglichkeit haben, eigene Vorschläge und Wünsche zu äußern, da eine interaktive Kommunikation zu kontinuierlichen Erfolgen innerhalb der PSD Bank beitragen kann. Beschwerden, Tipps und Anregungen können so maximiert und kanalisiert werden und die Banken auf ihrem Weg zu einem kundenorientierten Dienstleister unterstützen.

Ein kostenloser, personalisierter *Newsletter* via E-Mail mit Informationen über aktuelle Events, neue Produkte und das Online-Kontokorrentkonto sollten dem Kunden angeboten werde. Dem Kunden kann die Möglichkeit geboten werden, die Inhalte des Newsletters mitzugestalten, indem er seine Wünsche und Anregungen äußert. Die Option, diesen wieder abzubestellen, muss immer gegeben sein. Das Verhältnis von Erscheinungshäufigkeit und Nutzen für den Kunden muss genau beachtet werden. Der Kunde muss sich gut betreut fühlen.

Da die PSD Banken mit ihren Filialen nicht in der Fläche vertreten sind, ist ein Newsletter ein optimales *Dialogmedium*. Zusätzlich verdeutlicht es den Imagewandel und zeigt, dass die PSD Banken modern ausgerichtet sind.

4.3 Filialen

Den dritten Schwerpunkt der kontinuierlichen Maßnahmen bilden die *Filialen*.

Zuerst sollten die Mitarbeiter über das neue Produkt und die Werbemaßnahmen zur geplanten Absatzsteigerung unterrichtet werden. Durch *Schulungen* können sich diese mit dem Produkt vertraut machen und dadurch überzeugender agieren und beraten. Es können Anreize für die Mitarbeiter geschaffen werden, den Verkauf des PSD GiroDirekt besonders zu unterstützen. Der UAP „Persönlich Sicher Direkt" soll von Mitarbeitern und Kunden gleichermaßen verinnerlicht und deshalb ständig kommuniziert und penetriert werden.

Weiterhin ist in den Filialen *Informationsmaterial* auszulegen. Um diesem Informationsmaterial besondere Aufmerksamkeit zu schenken, sollten Displays mit dem neuen Produkt aufgestellt und Werbebanner mit dem UAP in den Filialen installiert werden.

Wenn das Online-Kontokorrentkonto neben den Mailings noch auf dem Weg über die Kundenzeitschrift, über das Internet und die Filialen kommuniziert wird, entsteht bei den Kunden eine hohe *Wiedererkennung*. Die Kampagne kann durch das Zusammenspiel der Medien zu einem großen Erfolg werden.

5. Werbeauftritt

Der gesamte Werbeauftritt der PSD Banken ist von Anders[5] analysiert und überarbeitet worden. Der neue Werbeauftritt wird erstmalig für das Produkt PSD GiroDirekt zum Tragen kommen, lässt sich in Zukunft aber auch auf weitere Werbemaßnahmen ausweiten. Der neue visuelle Auftritt wird im Wesentlichen durch vier Faktoren gekennzeichnet:

- Die PSD-*Hausfarbe* HKS 54 (grün) erhält eine stärkere Gewichtung als bisher. Grün wird die dominierende Farbe des neuen Werbeauftritts sein, um die Gesamtwirkung der Bank zu unterstützen. Anders[5] empfiehlt die konsequente Verwendung auf allen nicht elektronischen Kommunikationskanälen (z. B.: Der PSD-Brief im Briefkasten des Kunden fällt sofort ins Auge).

- Für alle Werbemaßnahmen rund um das Geschäft mit elektronischen Medien (insbesondere im WWW) wird der von Anders[5] entwickelte *Button* eingesetzt. Das neue PSD-online-Logo setzt sich aus dem bestehenden PSD-Logo, einem Screen-Pfeil und der bekannten Buttonform zusammen.

- *Wort- und Bildsprache* bilden eine Einheit und werden zielgruppengerecht ausgewählt. Die Tonality ist jung, dynamisch und emotional.

- Die *UAP.* „Persönlich Sicher Direkt" soll für die Zielgruppe leicht erlernbar sein. Sie wird über die Werbemittel/Werbeträger ebenso kontinuierlich kommuniziert wie die Internetadresse und der neue Button.

6. Dialogmarketing-Kampagne

In diesem Abschnitt werden ausgewählte Maßnahmen und Ideen für eine *mehrstufige Kampagne* zur Steigerung der Abschlussrate für das Produkt PSD GiroDirekt beschrieben.

Um eine zielgruppenadäquate Ansprache zu gewährleisten, werden die Bestandskunden aus der Aufgabenstellung in *zwei Altersgruppen* unterteilt.

- Gruppe 1: Bestandskunden von 20 bis 35 Jahren
- Gruppe 2: Bestandskunden von 36 bis 45 Jahren

Wie bereits erwähnt, liegt der entwickelten Kampagne eine *Multi-Channel-Strategie* zugrunde. In den folgenden Ausführungen werden die Einzelmaßnahmen aus den Bereichen Printmedien, neue Medien und Telefonmarketing näher erläutert und in einer Gesamtkampagne dargestellt. Die Einzelelemente sind zeitlich und inhaltlich aufeinander abgestimmt, um maximale Effizienz und starke Synergien zu erzielen.

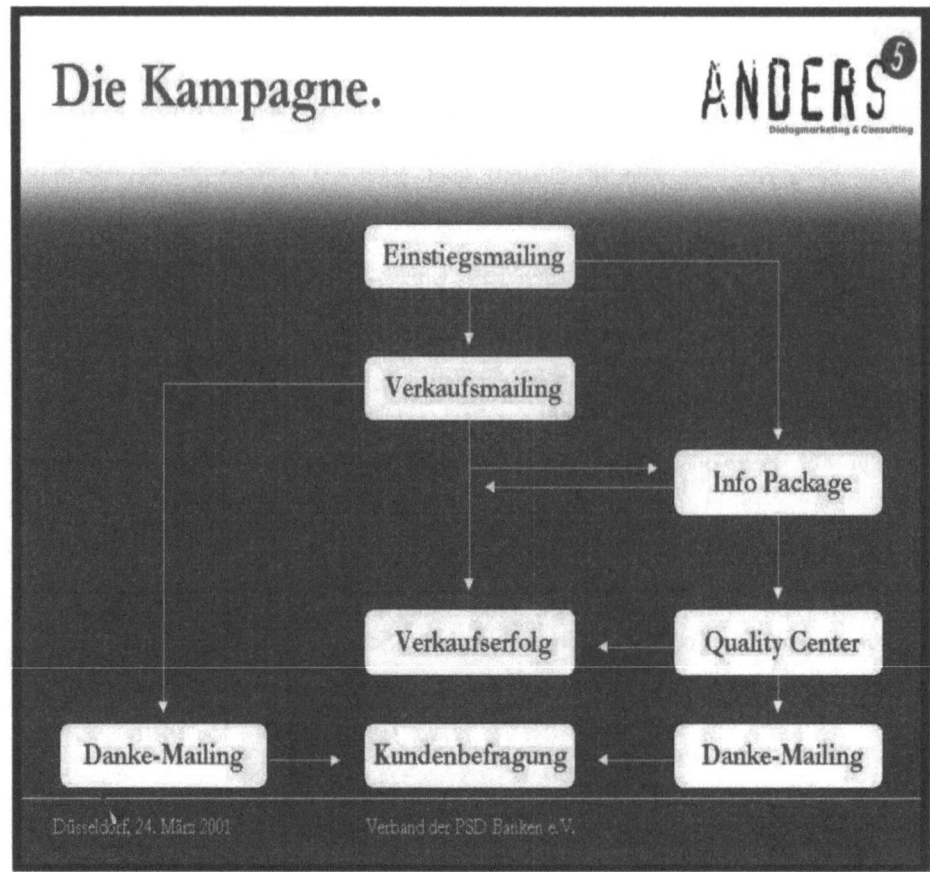

Abbildung 3: Kampagnenverlauf

Der Aufbau von *Vertrauen* ist die Grundvoraussetzung für eine dauerhafte Beziehung. Dies kann nur erreicht werden, wenn sich alle Mitarbeiter des Unternehmens in gleicher Weise der Kundenorientierung verpflichtet fühlen und die Kommunikation auf allen Kanälen darauf ausgerichtet ist. Dies setzt eine starke *Corporate Identity* voraus. Unter Corporate Identity wird die Unternehmenspersönlichkeit bzw. Unternehmensidentität verstanden, die sich im Verhalten, der Kommunikation und dem Erscheinungsbild des Unternehmens ausdrückt.

Durch einen CI-gerechten Auftritt auf allen Kanälen entsteht eine Wechselwirkung zwischen den Medien, die zu einer Bündelung der Marktpräsenz und der Unterstützung des Image führen. PSD entwickelt sich hierdurch zu einer Marke.

Wie die Ergebnisse aus dem *Kundenmonitor* 2000 in Bezug auf das Image zeigen, haben die PSD Banken den Ruf, seriös, persönlich und freundlich zu sein. Mit dem von

Anders[5] entwickelten Konzept werden weitere Merkmale wie jung, dynamisch, flexibel und modern angestrebt.

Die in dem *Kommunikationsauftritt* eingesetzten Faktoren wie emotionale Ansprache, Vermittlung von Kompetenz und Leistung, sowie die Erweiterung der Responsemöglichkeiten sollen das Vertrauen der Kunden und Interessenten in die PSD Banken und deren Produkt- und Leistungspalette steigern.

Zusätzlich zu den Inhalten bietet auch die *äußere Form* der Mailings einen Anreiz, sich damit zu beschäftigen. Bewusst setzt die Kommunikations-Strategie nicht auf die klassischen Formen, denn auch durch die moderne und außergewöhnliche Form der Mailings wird ein jüngeres und innovativeres Bild transportiert. Die PSD Bank kann sich hier einen Vorsprung zum Wettbewerb verschaffen, da im Bankensektor Sonderformen noch die Ausnahme sind.

6.1 Einstiegsmailing

Für den Beginn der Kampagne ist ein *Einstiegsmailing* geplant. Hier kommt die „InfopostCreativ-Karte" zum Einsatz, die schon durch die individuellen Möglichkeiten der Formgestaltung und der Integration einer Responsekarte eine hohe Aufmerksamkeit erreicht.

Das Einstiegsmailing dient in erster Linie zur *Bekanntmachung* des PSD GiroDirekt. Das Mailing soll Aufmerksamkeit erzeugen und das Interesse am Produkt wecken. Zusätzlich werden psychografische Ziele, wie Image und Bekanntheitsgrad der PSD Banken, verfolgt. Dies gilt auch für die im folgenden Text beschriebenen Werbemaßnahmen.

Die *Kernaussage* des Einstiegsmailing „Der Beginn einer Leidenschaft" symbolisiert den Einstieg in eine Beziehung mit dem PSD GiroDirekt. Die emotionale Aussage wird unterstützt durch ein Stimmungsmotiv, das ein leidenschaftliches, verliebtes Paar zeigt. Um den Kunden klar und unmissverständlich zu informieren, um welches Produkt es sich handelt, wird die Text- und Bildaussage auf Online-Banking adaptiert und ein weiteres Bildmotiv gewählt. Die *Abbildung* zeigt einen Laptop, auf dessen Bildschirm der überarbeitete Internetauftritt mit der Eincheckfunktion für das Online-Konto und der Aufforderung „Einchecken, PSD GiroDirekt" zu sehen ist. Durch einen gelben Stern, der in Form und Farbe wie ein Störer wirkt, werden die Vorteile des PSD GiroDirekt kommuniziert, und gleichzeitig wird der Laptop mit der Internetanwendung in den Vordergrund gehoben.

Abbildung 4: Einstiegsmailing

Um dem Interessenten die *Reaktion* so einfach wie möglich zu gestalten, enthält das Mailing eine perforierte, leicht abtrennbare Antwortkarte, die bereits personalisiert ist. Zudem übernimmt die PSD Bank die Portokosten für den Interessenten. Diese Faktoren senken Reaktionshürden und führen zu mehr Response. Die Karte bietet dem Kunden zwei Ankreuzmöglichkeiten, um ausführliches Informationsmaterial anzufordern. Zweistufig deshalb, weil der Bedarf der Kunden auf jeder Interessenstufe gedeckt werden soll. Auf diese Weise wird das Responsepotenzial voll ausgeschöpft.

- Ja, ich möchte die Vorteile von PSD GiroDirekt nutzen und so schnell wie möglich einchecken. Schicken Sie mir bitte das Einstiegspackage zu.

- Nein, ich möchte noch nicht einchecken. Schicken Sie mir bitte erst das GiroDirekt Infopaket.

Der Kunde hat mit dem Angebotsmailing folgende *Reaktionsmöglichkeiten*:

- Responsekarte

- Informationen über das Internet abrufen (www.psd-bank.de)

- Nutzung der Service-Hotline (z. B. Vanitynummer: 0800/PSD PSD, Vanitynummern bestehen aus Buchstabenkombinationen. Sie können ebenfalls über die

Telefontasten eingegeben werden und haben den Vorteil, dass sich Telefonnummern leichter einprägen lassen.)

6.2 Verkaufsmailing

Den zweiten Schritt der Kampagne bildet das *Verkaufsmailing*. Zielgruppe hierfür sind alle Nichtreagierer aus dem Einstiegsmailing.

Die *Bestandteile* des Mailings: Eine Creativ-Einlegekarte mit Klarsichteinlegetasche und ein dreiteiliger Infoeinleger mit Responsekarte.

Eine Vielzahl von Innovatoren wird man schon mit dem ersten Mailing erreicht haben. In diesem Step wird, um weitere Interessenten zu gewinnen und Abschlüsse zu verzeichnen, mit *Reaktionsverstärkern* gearbeitet. Um der Zielgruppe einen zusätzlichen Anreiz zu bieten, wird ein „early bird" eingesetzt. Hierfür wird von Anders[5] ein WAP-Handy empfohlen mit beispielsweise 15 Euro Startguthaben und inklusive 60 SMS. Ein WAP-Mobiltelefon ist „trendy" und bei der Zielgruppe beliebt. Außerdem können dann die neuen Mobilteilnehmer mit SMS-Marketing durch die PSD Banken beworben werden.

Die *Kernaussage* des Mailings „Wo machen Sie denn Ihre Geschäfte" soll in Verbindung mit dem Aufmachermotiv provozieren und Aufmerksamkeit gewinnen. Mit der Subline „Online-Banking – wann und wo Sie wollen!" wird der Bezug zum Produkt hergestellt, und der Nutzen für den Kunden, ungebunden von Ort und Zeit Geldtransaktionen abwickeln zu können, zur wichtigsten Aussage. Der Produktname wird in enger Verbindung mit weiteren Produktvorteilen ausgelobt und unterstützt die Kernaussage. Der Einsatz eines WAP-Handys soll einen besonderen Anreiz zur Reaktion bieten und wird durch den gelben Stern, der als immer wiederkehrendes Element in den Mailings genutzt wird, als besonderes Highlight herausgestellt.

Die *Rückseite* der Creativ-Einlegekarte wird vollflächig für die Darstellung der Internetanwendung genutzt. Die Abbildung zeigt Anwendungen und Leistungen, die der Kunde beim Aufrufen der Internetseite findet.

Die *Eincheck-Funktion* erhält als Hauptanwendung den größten Stellenwert, allein durch die räumliche Gestaltung. Wie auch im ersten Mailing erscheint der Aufruf „Einchecken, PSD GiroDirekt" hinterlegt mit einem Schlüssel.

Als *Adressträger* wird der hinter die Klarsichtfolie eingelegte Kartenleporello (hierbei handelt es sich um eine Informationsbroschüre) verwendet. Der Einleger besteht aus drei personalisierten Teilen, die dem Interessenten zusätzliche Informationen liefern und einfache Responsemöglichkeiten bieten.

Abbildung 5: Verkaufsmailing

Der Kunde hat mit dem Verkaufsmailing folgende *Reaktionsmöglichkeiten*:

- Responsekarte mit Kurzantrag einsenden
- Responsekarte mit early bird abtrennen und ohne Kosten an PSD schicken, um sich als Interessent registrieren zu lassen und das Einstiegspackage anzufordern
- Internet (www.psd-bank.de)
- Service-Hotline (0800/PSD PSD)

6.3 Infopackage

Das *Infopackage* besteht aus einer Versandhülle, einem personalisierten Anschreiben und einer CD mit umfangreichen und detaillierten Informationen sowie vielen wichtigen Tipps. Da es sich bei dem beworbenen Produkt um ein Online-Produkt handelt, empfiehlt Anders[5], die Print-Produkte im Infopackage zu reduzieren und die *CD-ROM* als Hauptbestandteil zu verwenden. Die CD bietet die Möglichkeit, ein breites, aktuelles Leistungsspektrum in übersichtlicher und anwenderfreundlicher Form zu gestalten und spiegelt die fortschrittliche Ausrichtung der Banken wider.

Abbildung 6: Infopackage

Dem Kunden können beispielsweise über die Informationen hinaus Freistellungsaufträge, EC-Kartenanforderung, Eurocard-Anforderung, Schufa-Formular und Checklisten für den bevorstehenden Kontowechsel zum Ausdruck angeboten werden. Über die CD hat der Kunde den direkten Zugriff zu den PSD *Internetseiten*. Damit bleibt ihm eine lange Suche erspart, und die Interaktivität wird gefördert.

Das Infopackage wird an die über alle Kanäle gewonnen *Interessenten* versandt. Ziel dieser Vorgehensweise ist es, der Zielgruppe die Entscheidung für das Online-Konto PSD GiroDirekt so leicht wie möglich zu machen und den Kunden in seiner Entscheidung zu bestärken.

Die *Kernaussage* des Infopackage „Hier steckt viel für Sie drin" wird unterstützt durch das Bildmotiv „Daumen hoch", als Symbol für Zustimmung und Begeisterung. Der Stern als wiederkehrendes Element unterstreicht in diesem Mailing erneut den Kundenbenefit des Online-Kontos. Internetadresse und der PSD-Online-Button sind auch hier selbstverständlich.

Inhalt des Infopackage ist ein personalisiertes *Anschreiben* an den Kunden, das in emotionaler Tonality auf den Kundenbenefit eingeht und den Beginn der Online-

GiroDirekt-Leidenschaft aufgreift. Das CD-Cover zeigt ein stimmungsvolles Motiv einer jungen Frau, die mit ihren Fingern eine kurze Entfernung symbolisiert. Der entsprechende *Slogan* hierzu heißt „Ihr Online-Konto GiroDirekt ist jetzt so nah! Klicken Sie doch mal vorbei." Diese Aussage schließt mit der Abbildung des Internetbuttons, der auf der CD als Interneteinstieg fungiert.

Der Kunde hat mit dem Infopackage folgende *Responsemöglichkeiten*:

- Unterlagen für Vertragsabschluss
- Internet (E-Mail)
- Service-Hotline

6.4 Quality-Center

Beim *Quality-Center* handelt es sich um ein PSD-eigenes Call Center. Mit dem Wort Quality-Center möchte Anders[5] zum Ausdruck bringen, dass es sich um geschultes und hochqualifiziertes Personal handelt, das den Kunden kompetente Beratung und präzise Auskünfte geben kann. In dieser Kampagne dient es als eine unterstützende Einheit. Generell gehört das Quality-Center zur festen Marketing-Strategie der PSD Banken und kann deshalb ohne Mehraufwand und -kosten eingebunden werden. Wichtig ist hier natürlich auch die umfangreiche Schulung der Mitarbeiter und die Information über die Inhalte der geplanten Kampagne.

Das Quality-Center hat hauptsächlich zwei *Aufgaben*:

- Das passive Telefonmarketing (*Inbound*) zur Beantwortung von offenen Fragen und zur Unterstützung der Direktabschlüsse.

- Das aktive Telefonmarketing (*Outbound*), um bei Interessenten, die nach Erhalt des Infopackage nicht mehr reagiert haben, telefonisch nachzufassen.

Das Quality-Center gibt der Bank eine Stimme. Der Interessent kann einen direkten und *persönlichen Kontakt* zu ihr aufbauen und sich so leichter mit ihr identifizieren. Die Abschlusszahlen der Kampagne können auf diese Weise zusätzlich gesteigert werden, denn viele Menschen möchten sich gerne vor der Entscheidung nochmals persönlich beraten lassen und in der Richtigkeit ihres Abschlussvorhabens bestätigt werden.

Neben der Absatzsteigerung können über den Einsatz des Quality-Centers auch *Cross-Selling-Potenziale* umgesetzt werden, und auch Kunden aktiv auf das neue Online-Produkt aufmerksam gemacht werden.

6.5 SMS-Marketing

Seit die erste Message am Anfang des Jahres 1992 in Großbritannien gesendet wurde, scheint eine ganze Generation von Jugendlichen im Alter zwischen 14 Jahren und Anfang 30 dem neuen „Kult" verfallen zu sein. Weltweit werden jeden Monat geschätzte 15 Milliarden dieser simplen maximal 160 Zeichen langen Texte verschickt. Von 1998 bis 2000 hat sich die Zahl der Kurzmitteilungen in Deutschland auf monatlich über eine Milliarde mehr als verachtfacht. Aus diesem Grund empfiehlt Anders[5], das *SMS-Marketing* für die junge Zielgruppe als Pilotprojekt zu testen.

Ein großer Vorteil des SMS-Marketing liegt in der passgenauen Zuschneidung der Werbebotschaften auf die jeweilige Zielgruppe. Diese Art der „personalisierten Werbung" wird drei- bis sechsmal häufiger und drei- bis fünfmal länger angesehen als herkömmliche Werbemailings und erreicht damit langfristig eine hohe Kundenbindung.

Dabei muss unbedingt berücksichtigt werden, dass der Erfolg einer SMS-Marketing-Kampagne auch davon abhängig ist, dass dieses Medium in eine *Multi-Channel-Strategie* eingebunden ist. Die Werbung über das Medium Handy allein kann nur bedingt erfolgreich sein. Erst die Synergien zu anderen Dialogformen bestärken den Erfolg.

SMS-Marketing als Pilotprojekt zur *Neukundengewinnung*:

Ziel der Pilotkampagne SMS-Marketing ist es, auf diesem Weg ein besonders junges Publikum anzusprechen.

Für die Testphase ist eine *Zielgruppengröße* von ca. 250 bis 500 Bestandskunden mit einem Handy in der Altersgruppe von 16 bis 30 Jahren vorgesehen. Die Kunden erhalten eine SMS mit einer auf die Zielgruppe passenden Werbebotschaft, die sich ebenso in der Hauptkampagne wiederfindet:

„Lust auf eine neue Leidenschaft? Online-Banking rund um die Uhr: PSD GiroDirekt. Gratis-Infos sofort per SMS anfordern!"

Die *Werbebotschaft* ist frech und witzig und macht Spaß beim Lesen. Der Werbetext bzw. die Werbebotschaft lehnt sich im Wesentlichen an die Mailings der Gesamt-kampagne an. Mit diesem Testpilot wird versucht, die PSD Bank auf neue Kommunikations- und Vertriebswege einzustimmen, um auch in Zukunft weitere dieser Kampagnen durchzuführen.

Aufgrund der *rechtlichen Unsicherheiten* wurden bisher fast gar keine SMS-Kampagnen durchgeführt. Insbesondere im Bankensektor ist es wichtig, nur seriöse und rechtlich abgesicherte Werbemittel einzusetzen. Außerdem verfügen Banken nur selten über die notwendigen Daten bzw. Telefonnummern der Kunden, um SMS-Marketing flächendeckend einzusetzen. Der Pilot soll hier aber erste Maßstäbe setzten und das Verständnis für neue Technologien aufbauen.

6.6 Danke-Mailing

Das Danke-Mailing wird in zwei *zielgruppenspezifischen Versionen* umgesetzt:

- Zielgruppe 1: Neukunden des Online-Kontokorrentkontos
- Zielgruppe 2: Nichtreagierer auf das Infopackage

Mailing an Neukunden:

„Die richtige Entscheidung – Danke für Ihr Vertrauen"

Bestandteile: CI-gerecht gestalteter Umschlag, personalisiertes Anschreiben und ein Fragebogen zur Kundenzufriedenheit.

Der Danke-Brief an die Neukunden hat zum Ziel, die *Kundenbindung* zu stärken. Der Kunde soll nochmals in seiner Entscheidung bestätigt werden. Mit dem Danke-Brief erhält der Kunde eine Zufriedenheitsbefragung. Die Rücksendung des *Fragebogens* ist gekoppelt an ein Gewinnspiel, um eine hohe Response zu erzielen. Als imagestärkende Maßnahme wird in dem Brief auf den Erfolg des Online-Kontos eingegangen, und der Kunde erhält den Hinweis, dass auch Familienmitglieder ein Konto bei einer PSD Bank einrichten können.

Hierfür bieten sich folgende *Aktionen* an: Kunden werben Verwandte und Freunde. Beispielsweise kann Personen mit Kindern ein Konto mit dem Namen Junior GiroDirekt angeboten werden. Bei der „Tausch Dich reich!"-Aktion kann der Kunde sein altes Sparbuch gegen das neue PSD GiroDirekt eintauschen.

Die *Ziele* des Danke-Mailings sind: Vertrauen der Kunden stärken, Image pflegen, Neukundengewinnung durch Empfehlungswerbung der Kunden, Verjüngung der Altersstruktur durch Junior GiroDirekt.

Mailing an Nichtreagierer:

„Das PSD GiroDirekt – ein voller Erfolg! Wann steigen Sie ein?"

Der Danke-Brief an die *Nichtreagierer* stellt erneut die Vorteile des Kontos heraus und verweist auf den Erfolg des Produktes. Textbeispiel: „Schon 1000 Kunden haben uns ihr Vertrauen bewiesen und nutzen schon heute die Vorteile des PSD-Online-Banking." Der Brief fordert den Empfänger auf, die kostenlose Telefonnummer des Quality-Centers anzurufen, um einen Beratungstermin zu vereinbaren oder den Call-Back-Button im Internet zu nutzen.

Die *Ziele* des Danke-Mailings sind: Kundengewinnung und Imagepflege.

Die Nicht-Reagierer sollen nochmals auf ein tolles Angebot aufmerksam gemacht werden und das Gefühl vermittelt bekommen, etwas zu verpassen, wenn sie dieses Konto nicht eröffnen.

7. Zeitstrahl

Die Realisierung der Kampagne bedarf einer enormen *Vorlaufzeit*. Agenturen müssen gebrieft, Ideen und Konzepte müssen umgesetzt werden. Mailings müssen gedruckt, aufgeliefert und versandt werden. Das Internet muss umgestaltet, Mitarbeiter informiert und geschult werden. Anschließend müssen Interessenten informiert und betreut werden. Die Response muss ausgewertet werden. Anders[5] empfiehlt ebenfalls eine Analyse der Reagierer aufgrund von *mikrogeografischen* Zusatzinformationen anfertigen zu lassen. Dadurch können wichtige Zusammenhänge aufgedeckt und für weitere Kampagnen genutzt werden.

Grundlage für den weiteren Aufbau der unterschiedlichen Aktionen werden die *kontinuierlichen Maßnahmen*, wie das Internet, die Filialen und die Kundenzeitschrift sein. Alle bisherigen Aktionen werden über den gesamten Zeitraum durch das Quality-Center betreut. Parallel wird dann ein Einstiegsmailing (Imagemailing) an die jeweilige Zielgruppe gesendet. In der zweiten Phase werden die Nichtreagierer nach ca. zwei Wochen ein Verkaufsmailing zur Anforderung von Informationsmaterialien erhalten. Die junge Zielgruppe erhält eine SMS-Message mit der Aufforderung, via SMS zu reagieren. Alle Reagierer erhalten innerhalb von einer Woche das Infopackage zugeschickt. Die Reaktionszeit muss so kurz wie möglich sein, da ansonsten kein Interesse mehr bestehen könnte oder sich der Kunde schon anderweitig entschieden hat.

Besonders interessante Kunden erhalten rund zwei Wochen nach Empfang des Infopackages einen Anruf des Quality-Centers. Ziel ist es, diese Kunden zu beraten und beim Abschluss zu unterstützen. Als Abschluss der Kampagne gilt das Danke-Mailing, das nach ca. vier Wochen verschickt wird. Der gesamte Zeitrahmen der Kampagne wird je nach Reaktionszeit der Kunden bei ca. drei Monaten liegen. Das Quality-Center wird auch nach Abschluss der Kampagne weiterhin die Kunden betreuen, um nachhaltig Fragen oder Wünsche der Kunden zu beantworten.

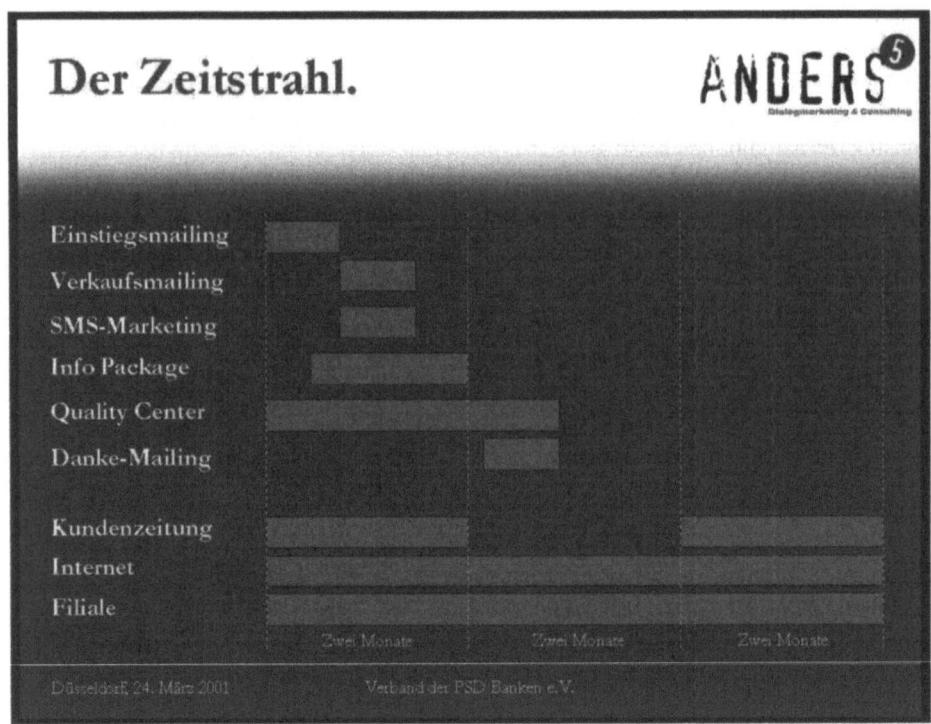

Abbildung 7: Zeitstrahl

8. Zusammenfassung

Das *kurzfristige Ziel* für Anders[5] ist die Erreichung der Absatzsteigerung bei Bestandskunden im Zielgruppensegment im Alter von 20 bis 45 Jahren. Langfristig soll außerdem das durchschnittliche Kundenalter verjüngt werden. Grundlage für die Verwirklichung der Ziele sind die Verwendung der *strategischen Bausteine* in allen zukünftigen Kampagnen und Werbemitteln. Sie sind Ausdruck der neuen und innovativen Ausrichtung der PSD Banken und ermöglichen eine perspektivische emotionale Neubesetzung der Marke PSD. Das *Direktmarketing-Konzept* integriert sämtliche Maßnahmen und Medien zu einer einheitlichen Kampagne. Bildsprache und „Wording" ermöglichen eine schnelle Wiedererkennung der PSD Banken. Kundenorientierung und CD tragen zu einem Corporate Behavior bei und können langfristig die Bestandskunden binden und neue Kunden ansprechen. Dadurch ist gewährleistet, dass sich die einzelnen Aktionen ergänzen und potenzieren. Denn nur so kann das gewünschte Potenzial ausgeschöpft und ein gutes Resultat erzielt werden.

Unerlässlich ist die ständige Überprüfung der *Marketing-Strategie*. Weitere Maßnahmen sollten immer wieder ergänzt werden. Anders[5] hat dazu schon einige Ideen geliefert, wie beispielsweise das Junior GiroDirekt oder die Tauschaktion Sparbuch gegen Online-Girokonto. Möglich ist auch, die Verbindung mehrerer Produkte in einem Paket zu günstigeren Konditionen anzubieten.

Die *Gesamtstrategie* der Konzeption von Anders[5] zielt sowohl auf Imagesteigerung als auch auf Neukundengewinnung ab. Vorteil des Direktmarketing-Konzeptes ist dabei die *Messbarkeit*. Alle aufgeführten Maßnahmen sind auswertbar. Alle Aktionen sind aus diesem Grund mit entsprechenden Werbecodes versehen. Der Erfolg der Mailing-Kampagne kann über die Responsequote ermittelt werden. Die Steigerung der Zugriffe aufs Internet und die dort dargestellten Möglichkeiten können über Logfile-Analysen, die das Surf-Verhalten der Besucher genau aufzeichnen, gemessen werden. Weiterhin können die Kundenberater im Quality-Center durch gezielte Fragen herausfinden, auf welche Aktionen oder Werbemittel der Anruf zurückzuführen ist. Auch in der Filiale können diese Informationen gesammelt werden. Insgesamt kann dann eine Beurteilung der Kampagne durchgeführt werden.

Darüber hinaus lässt sich der Erfolg der strategischen Bausteine über eine *Marktforschungsuntersuchung* messen. Vorstellbar ist, dass diese Elemente im Rahmen der Umfragen zum nächsten Kundenmonitor bewertet werden.

Aufbauend auf die ermittelten Ergebnisse kann dann in Zukunft eine noch *zielgruppenspezifischere* Strategie entwickelt werden. Somit ist dieses Konzept der Anfang einer langfristigen Beziehung zwischen den PSD Banken und ihren Kunden. Beide Seiten lernen sich immer besser kennen. Dabei können die PSD Banken immer gezielter auf Wünsche und Bedürfnisse ihrer Kunden eingehen.

9. Statement des Auftraggebers

Ist die Vergabe von Projektarbeiten für DDA-Akademie-Studenten *lohnend*?

Keine Frage – eindeutig ja! So direkt lautet meine Antwort, denn aus meiner Sicht gibt es bei der Vergabe von Projektarbeiten *nur Gewinner*! Die Studenten, weil sie erlerntes Fachwissen unter Praxisbedingungen anwenden und die PSD Banken, weil sie eine engagierte Arbeit unter Berücksichtigung neuester Direktmarketingentwicklungen erhalten und außerdem, wir sind ja Banker, zu einem angemessenem Preis!

Wer oder was sind die PSD Banken? Für was stehen Sie?

Die *PSD Banken* verstehen sich als beratende Direktbanken, die seit mehr als 125 Jahren bestehen. Die 19 genossenschaftlichen Kreditinstitute wickeln ihr Geschäft zu fast 80 Prozent über Brief, Telefon und im steigenden Maße per Internet ab. Darüber hinaus unterhalten sie an bundesweit mittlerweile 24 Standorten Beratungscenter für die persönliche Beratung und Betreuung. Die PSD Banken bieten die gesamte Finanzdienstleistungspalette an, unterhalten über 1,1 Mio. Kundenbeziehungen und haben eine summierte Bilanzsumme von über 13 Milliarden Euro. Sie arbeiten ausschließlich für Privatkunden aus den Bereichen Post, Telekom und Logistik. Man könnte die Banken als sogenannte „Hidden Champions" bezeichnen.

Die Herausforderung – PSD GiroDirekt:

Die bundesdeutschen PSD Banken arbeiten über den Verband der PSD Banken eng in den Bereichen EDV, Marketing und Vertrieb zusammen. Im Rahmen eines gemeinsamen Projektes „Kernproduktpalette" kam es zur Vergabe des *Auftrages* „Entwicklung einer Dialogmarketing-Kampagne für PSD GiroDirekt für die Altersgruppe 20 bis 45".

PSD GiroDirekt ist ein sogenanntes *Kernprodukt*, das heißt in der Produktausstattung in allen PSD Banken identisch und wird auch gemeinsam vermarktet. Clou des neuen Produktes ist die Verbindung zwischen den Komponenten Online-Kontokorrentkonto, Tagesgeldkonto mit Staffelverzinsung und Kreditlinie – also ein Produkt, passend für den Direktbankanspruch der PSD Banken.

Das Team Anders[5] der DDA Düsseldorf hat eine mehr als saubere Leistung vollbracht. Direktmarketinglösung verknüpft mit einem augenzwinkernden Kreativauftritt – passend zu unserem Motto persönlich, schnell, direkt! Die Überzeugung ist so groß, dass wir die Kampagne ab Oktober 2001 in den Banken *umsetzen* werden. Ein größeres Kompliment können die Banken, so glaube ich, nicht machen.

Auch in Zukunft werden wir die Studenten der DDA Akademie weiter mit Projektaufträgen ausstatten.

Rolf Bauer, Marketingkoordinator, Verband der PSD Banken e.V. in Bonn

Teil IV: Marketing-Konzept für die Lofty Zweitfrisuren GmbH

Barbara Engel
Tanja Gneißl
Astrid Kobbert
Tina Melzer
Barbara Schmitt

1. Einleitung

Im Rahmen des Studiums an der Deutschen Direktmarketing Akademie (DDA) wurde die Dialog-Agentur „Blady Marys" von Barbara Engel, Tanja Gneißl, Astrid Kobbert, Tina Melzer und Barbara Schmitt gegründet.

Im Frühjahr 2001 entwickelten die „Blady Marys" für den Zweitfrisurenhändler Lofty ein Marketing-Konzept, welches im Folgenden dargestellt wird. Besonderes Augenmerk lag dabei auf der Analyse der *Zielgruppe* sowie dem Markt und Wettbewerb. Hieraus entwickelt wurde eine Strategie, die es dem Auftraggeber ermöglichen sollte, die empfohlenen Maßnahmen effizient umzusetzen.

2. Zielvorgabe

Die Lofty Zweitfrisuren GmbH möchte mit einem neuen Sortiment eine neue, jüngere Zielgruppe ansprechen. Die Perücke soll als *modisches Accessoire* für die moderne Frau und nicht als Haarersatz vermarktet werden. Der Fokus konzentriert sich auf Frauen im Alter zwischen 45 und 55 Jahren.

Unter diesen Vorgaben soll ein Konzept zur *Neukundengewinnung* erarbeitet werden. Die ausgerichteten Marketing-Aktivitäten konzentrieren sich auf die Distribution, mit dem Versandhandel als Schwerpunkt, und auf die entsprechenden Kommunikationsmaßnahmen. Als Vorgabe wird ein Budget von 50 000 Euro festgelegt.

3. Ausgangssituation

3.1 Historie des Unternehmens

Das Unternehmen Lofty Zweitfrisuren GmbH wurde 1973 gegründet. In dieser Zeit boomte das Geschäft mit *Zweitfrisuren*. Sie waren stark etabliert und gehörten wie die Handtasche zur modischen Ausstattung.

Das Familienunternehmen Lofty wuchs mit diesem Boom sowohl im Versandhandel als auch im Stationärhandel (2001: 10 Einzelhandelsstandorte). Und obwohl dieser Markt seither stark zurückgegangen ist, konnte Lofty seine Stellung als größter Spezialversender für Zweitfrisuren erhalten. Der Name *Lofty* entstand als Wortkreation in Zusammenarbeit mit einer Agentur. Er ist angelehnt an die Ausdrücke „luftig" und „leicht". Das Unternehmen hat derzeit circa 50 Mitarbeiter. Der Hauptsitz in Rodgau organisiert Verwaltung und Distribution.

3.2 Das Produkt

Die Zweitfrisuren der Firma Lofty werden überwiegend in China und Indonesien produziert. Hier gibt es gewaltige Unterschiede, was die *Qualität* der Verarbeitung und des verwendeten Materials angeht. Lofty hat sich auf die qualitativ hochwertigen Perücken ausgerichtet.

Die Lofty GmbH bietet ihren Kunden eine breites *Sortiment* an Zweitfrisuren und Haarteilen in den unterschiedlichsten Preiskategorien. Der Schwerpunkt liegt dabei auf dem unteren bis mittleren Preissegment. Das günstigste Perückenmodell kostet 55 Euro. Bei einer täglichen Nutzung hat eine Zweitfrisur eine Lebensdauer von etwa einem halben Jahr.

Das derzeitige Sortiment lässt sich in die *Kollektionen*: Trend (flott), Degenhardt (exklusiv) und Lofty (konservativ) einteilen.

3.3 Kunden

Lofty hat ca. 40 000 Kunden und Interessenten und macht damit rund 4 Millionen Euro Umsatz im Jahr. Die Kunden können grob in drei *Gruppen* unterteilt werden:

- Die jungen Wilden:

    Sie benutzen Zweitfrisuren als modische Abwechslung.

- Die Konservativen:

    Sie tragen Zweitfrisuren, um gepflegt auszusehen und/oder um zu kaschieren.

- Kranke Menschen:

    Sie tragen eine Zweitfrisur als „Ersatz", um den Verlust ihrer eigenen Haare zu kaschieren.

Auf das *Sortiment* verteilt sich die Kundschaft wie folgt:

- Trend: 20 Prozent (Frauen im Alter 20-35 Jahre und modisch orientierte Frauen)
- Degenhardt: 20 Prozent (Frauen im Alter 55 plus)
- Lofty: 60 Prozent (Frauen im Alter 55 plus)

3.4 Beratung

Die Lofty GmbH legt sehr großen Wert auf den *persönlichen Kontakt* zu ihren Kunden. Gerade bei einem solchen Produkt ist es wichtig, den Interessenten individuell und fachmännisch zu beraten und so bei der Auswahl von Modell und Farbe zu unterstützen – nur ein zufriedener Kunde wird noch einmal kaufen! Daher werden auch alle telefonischen Bestellungen durch kompetente Mitarbeiter, die mit Rat und Tat bei der Auswahl zur Seite stehen, unterstützt.

3.5 Kataloge

Der Katalog erscheint zweimal im Jahr, im Januar und im Juli. Diese zwei Termine sind frei gewählt und werden nicht durch andere Faktoren (Jahreszeit etc.) beeinflusst. Alle Kollektionen sind gemeinsam im großen Hauptkatalog aufgeführt.

3.6 Distribution

Der Schwerpunkt der Lofty GmbH liegt mit einem Umsatzanteil von ca. 50 Prozent eindeutig auf dem *Versandhandel*. Weiter gibt es in verschiedenen großen Städten Lofty-*Filialen*, über die ein Umsatz von 30 Prozent getätigt wird. In regelmäßigen Abständen werden Verkaufsveranstaltungen in verschiedenen Hotels großer Städte durchgeführt. Hiermit wird ein Umsatzanteil von ca. 20 Prozent erzielt.

Die Retourenquote im Versandhandel liegt bei ca. 30 Prozent im Durchschnitt. Die Lieferfähigkeit ist sehr gut.

3.7 Kommunikation

Die Lofty GmbH tätigt verschiedene Kommunikationsmaßnahmen über das ganze Jahr. Die Maßnahmen werden komplett durch Lofty selbst kreiert und durchgeführt. Zur Neukundengewinnung werden regelmäßig kleinere *Anzeigen* in der „Yellow Press" (z. B.: Frau mit Herz, Neue Revue, Bild der Frau, RTV Ost und West) geschaltet. Bestehende Kunden werden durch Mailings angesprochen und versucht zu aktivieren (circa 10 pro Jahr inklusive Sonderangebote). Den neuen Katalog bekommen sie automatisch zugesandt.

Die Homepage www.lofty.de stellt eher eine Art von „digitalem Katalog" dar. Der Interessent kann hier den Hauptkatalog anfordern.

Im Vorfeld zu *Hotelveranstaltungen* oder für einzelne Filialen werden Anzeigen in der regionalen Presse geschaltet. Weiter werden die bestehenden Kunden zu den Hotelveranstaltungen eingeladen.

Beilagen werden bei Versendern wie Atelier Goldener Schnitt genutzt.

Freundschaftswerbung (Member gets Member) und ein *Bonussystem* beim Kauf einer Perücke sind fester Bestandteil der Kommunikationsmaßnahmen.

Fremdadressen für Mailingaktionen wurden bisher nicht gekauft. Aussagekräftige Marktforschungsuntersuchungen gibt es nicht, dafür aber einen großen Erfahrungsschatz über die traditionellen Kunden.

4. Zielgruppe

4.1 Allgemeines zur Zielgruppe

Die *Zielgruppe*, die mit der Kommunikation angesprochen werden soll, ist eine ganz besondere. Wie eine Studie von Beiersdorf in Deutschland belegt, werden die Einstellungen der Frauen im so genannten dritten Lebensalter durch Lebensqualität, Aktivität und Aufgeschlossenheit geprägt. Die Frauen genießen den gewonnenen Freiraum ohne Pflichten, wie sie durch Beruf oder Kindererziehung vorgegeben werden. Diesen Freiraum nutzen sie für zahlreiche Aktivitäten. Hobbys und Reisen stehen dabei hoch im Kurs. Themen wie Fitness und Gesundheit sind für die Zielgruppe wichtig. Die Frauen fühlen sich nicht „alt", denn das „Alt sein" ist für sie eng mit „Krankheit" verbunden.

In Deutschland leben aktuell circa 33,5 Millionen Frauen. Etwa 30 Prozent aller Frauen befinden sich im Alter zwischen 45 und 55 Jahren. Das entspricht einer Gesamtzahl von ca. 10,39 Millionen Frauen im Alter von 45 plus. Diese Zielgruppe zu aktivieren ist das Ziel. Um das optimal zu erreichen, sollten folgende Punkte beachtet werden.

4.2 Konsumverhalten

Die *Attribute* vermögensstark, konsumfreudig und konsumerfahren kennzeichnen das Kaufverhalten der Zielgruppe. Keiner anderen Zielgruppe stehen so viele Mittel zur Verfügung – und das Geld geben sie gerne aus.

Sie genießen den Konsum und geben sich nicht mehr so zurückhaltend: Es wird nicht mehr für spätere Zeiten gespart. *Erfahrungswerte* werden in Zusammenhang mit Qualität bei Produkten besonders beachtet und positiv bewertet – nicht nur die Erfahrungen, die ein bewährtes Unternehmen in seine Produkte einbringt, sondern auch Erfahrungen, die die Zielgruppe selbst gesammelt hat.

Kaufentscheidungen werden nicht impulsiv getroffen, sondern von Routine und sachlicher Information bestimmt. Das Produkt und ein ausgewogenes Preis-Leistungs-Verhältnis stehen im Mittelpunkt des Interesses.

Ältere Menschen sind keine „Werbung-Nachplapperer" – bei ihnen finden keine gruppendynamischen Prozesse wie bei den jungen statt. Sie sind Individualisten und mündige Konsumenten.

4.3 Kommunikation

Die beschriebene Zielgruppe verfügt über eine jahrelange *Erfahrung* mit Werbung und Konsum. Und sie will mit diesen Erfahrungen respektiert und ernst genommen werden. Keine übertriebenen Produktversprechen – keine Wunder, sondern realistische Produktinformationen, die die Kundin mit ihren Erfahrungen abgleichen kann, um sich so ein Urteil zu bilden.

Glaubwürdigkeit, Authentizität und sachliche Produktinformation sind die wesentlichen Faktoren, die von herausragendem Interesse sind. Die Kommunikation muss den Nutzen für die Verbraucherin und entsprechend damit ihr Bedürfnis, das Beste aus sich heraus zu holen und ihre Ausstrahlung zu unterstreichen, in den Vordergrund stellen.

In Deutschland haben Produkte, die explizit „*Senioren*" ansprechen, kaum eine Chance. Doch wie kann man ein Produkt für Kundinnen des dritten Lebensalters anbieten, ohne diese konkret zu erwähnen? Nicht die Zielgruppe darf auf das Alter bezogen werden – sondern das Produkt oder der Benefit. Zum Beispiel die Aussage „Gepflegt mit reifer, vitaler Mode".

Die Kundin kann sich – unabhängig von ihrem Alter – individuell entscheiden, ob sie „reife Mode" trägt oder tragen will und ihr Sortiment um das angebotene Accessoire erweitern möchte. Eine Kleinigkeit? Im Gegenteil. Durch die *sensible Ansprache* wird keine potenzielle Kundin ausgegrenzt und in die Schublade „alt" zusammen mit den damit verbundenen Assoziationen gesteckt. Untersuchungen haben ergeben, dass sich die meisten „Älteren" 10 bis 15 Jahre jünger fühlen, als sie tatsächlich sind.

4.4 Psychologisches Alter

Dass sich das Sprichwort „*Man ist so alt, wie man sich fühlt*" bewahrheitet, zeigt die nachstehende Abbildung. Das Gefühl „Man ist so alt, wie man sich fühlt" verdient es, ernst genommen zu werden. Nicht nur durch die Nutzung von Schlüssel- oder Reizwörtern, auch mit der Terminierung von Veranstaltungen kann eine natürliche Selektion der Zielgruppe erfolgen.

Werden Hotelveranstaltungen beispielsweise am Nachmittag (15.30 Uhr) angesetzt, werden automatisch hauptsächlich Teilnehmerinnen des 3. Lebensalters Zeit finden.

Wie alt sehen Sie aus? Wie alt fühlen Sie sich?

	Frauen		Männer	
	aussehen	sich fühlen	aussehen	sich fühlen
Jünger als tatsächliches Alter*	64 %	74 %	72 %	83 %
Älter als tatsächliches Alter	20 %	17 %	20 %	6 %
Genauso wie tatsächliches Alter	8 %	2 %	5 %	3 %

*Alter der Befragten: 45 – 64 Jahre

Abbildung 1: Psychologisches Alter
Quelle: Verlagsgruppe Bauer, Teil 4, o. J., Seite 5

Die *Kommunikation* zu dieser Zielgruppe sollte:

- Den *Produktvorteil* klar herausstellen – nicht die Probleme.
- Eine *intelligente Sprache* sprechen – nicht bevormunden.
- Eine *lebensbejahende* Frau aus der Altersgruppe zeigen.
- Ein *positives Image* ausstrahlen.
- Mit *Ehrlichkeit*, glaubwürdig auftreten.
- Das *Alter* nicht explizit erwähnen.
- Der Zielgruppe die *Freiheit* lassen, selbst zu entscheiden, ob sie „dazugehören möchte".

4.5 Mediastrategie

Eine intensive Kommunikation mit der Zielgruppe ist notwendig, um auf längere Sicht erfolgreich in diesem Marktsegment agieren zu können. Für die Zielgruppe bietet Werbung nützliche Hinweise über ein Produkt. Dabei stehen *Sachlichkeit* und Produktinformationen im Vordergrund – Image und Prestige werden immer unwichtiger.

Generell bieten *Printmedien* viele Vorteile, da hier Informationen ganz nach dem individuellen Bedarf aufgenommen werden können. Das heißt in der gewünschten

Geschwindigkeit, in dem benötigten Zusammenhang und in der bevorzugten Tiefe. Die Zeitschrift oder das Magazin kann zur Seite gelegt und wieder in die Hand genommen werden.

Bei *Radio-* und *TV-Präsenz* wird die Werbung oftmals als Unterbrechung wahrgenommen, die unvermittelt über den Rezipienten hereinbricht. Schnelle, unübersichtliche Schnitte, kaum verständliche – weil nicht deutlich formulierte – Botschaften, laute Hintergrund-Musik und zu viel Text werden oftmals abgelehnt.

Das bedeutet nicht, komplett auf TV und Radio zu verzichten – wenn die Spots dementsprechend aufgebaut sind. Ganz besonders, weil viele Angehörige des dritten Lebensalters mehr fernsehen als die jüngere Altersgruppe. Fast vier Stunden täglich verbringt z. B. die Altersgruppe ab 50 Jahren durchschnittlich vor dem Fernsehgerät (Wirtschaftswoche 21.05.98, Seite 72). Aber über die Wirkung hinaus müssen bei diesem Medium im speziellen Fall der Lofty Zweitfrisuren GmbH besonders die Budgetvorgaben eine einschränkende Funktion haben.

Bei der Nutzung des *Internets* hält sich die ältere Generation noch zurück. Diese Altersgruppe verzeichnet jedoch andererseits die größten Zuwachsraten. Innerhalb von fünf Jahren hat sich der Anteil der Surfer in dieser Zielgruppe verfünffacht.

Wie für die anderen Internet-Nutzer auch, sind *E-Mail* und *Informationssuche* die am meisten genutzten Internet-Angebote der „Silver-Surfer" (Gruner + Jahr Branchenbild Senioren, Dezember 2000). Aktuell kann das World Wide Web als Kommunikationsmedium für diese Zielgruppe noch vernachlässigt werden, sollte aber auf keinen Fall als Stiefkind gelten. Denn das Internet bietet interessante Möglichkeiten für die Kommunikation mit den Menschen im dritten Lebensalter.

Viele Ältere haben sich im Laufe ihres Arbeitslebens mit dem Computer vertraut gemacht. Andere nutzen den Computer zu Hause, um die schriftliche Korrespondenz schnell und bequem zu erledigen. Und in zahlreichen Gesprächen kam zutage, dass das dritte Lebensalter ein starkes Interesse an dem Medium zeigt (Studie Beiersdorf).

Für „Lofty – fit for future" ist das Internet also ein interessantes Medium.

4.6 Pressearbeit

In den letzten Jahren kam die Presse immer häufiger auf den Gedanken, Sonderausgaben oder sogar eigene *Zeitschriften* für die älteren Zielgruppen herauszubringen. Solche Sonderaktionen sind in zweifacher Hinsicht interessant. Zum einen kann man dichte Hintergrundinformationen über die Zielgruppe erhalten oder einfach neue Anregungen für mögliche Kooperationen finden. Zum anderen bieten solche Ausgaben für Lofty ein Forum, durch gezielte Pressearbeit „ins Gespräch" zu kommen.

Nicht nur die reine *Pressearbeit* – sondern Mischformen wie die Verbindung eines redaktionellen Beitrages mit einer Anzeige oder ein sogenanntes „Advertorial" (das ist eine werbliche Anzeige, die wie ein redaktioneller Artikel aufgebaut ist) können bei der

Zielgruppe sehr effektiv eingesetzt werden. Diese Mittel eignen sich hervorragend, um das Informationsbedürfnis der älteren Konsumenten zu befriedigen. Einer Pressemeldung wird immer noch eine größere Glaubwürdigkeit zugemessen als einer reinen Werbeinformation. Und so hat man mit einer Kombination neben der redaktionellen Information noch die Möglichkeit, separat auf den Benefit eines besonderen Produktes hinzuweisen und darüber hinaus einen *Erinnerungswert* zu erzielen (z. B.: Lesen des redaktionellen Beitrages auf Seite 30 – Aufmerksames Betrachten der dazu passenden Anzeige auf Seite 32 inklusive Wiedererkennungseffekt = Lerneffekt!).

Bei optimalem Einsatz dieser Kombination kann man eine perfekte Kommunikation zur Zielgruppe pflegen und den Bekanntheitsgrad eines Produktes effizient steigern.

Die beliebtesten Zeitschriften der Zielgruppe sind:

Titel	Leser der Zielgruppe 45 + in Millionen
Bild am Sonntag	4,85
Hörzu	3,42
TV Hören und Sehen	2,49
Bild der Frau	2,32
Auf einen Blick	2,13
Bunte	2,05
Das Beste	1,88
Tina	1,77
Neue Post	1,65
Funk Uhr	1,64
Fernsehwoche	1,49
Freizeit Revue	1,44
Das neue Blatt	1,41
Frau im Spiegel	1,37

Abbildung 2: Zeitschriften der Zielgruppe Frauen 45 +
            Quelle: LZ-Spezial 1/98, Seite 50

Weitere relevante *Printmedien* außerhalb der Statistik sind:

- Bella
- Laura
- Brigitte
- Freundin
- Für Sie
- Journal für die Frau
- Petra
- Die Aktuelle
- Gala
- Das goldene Blatt
- Gong
- Die Zwei

Es gibt darüber hinaus zunehmend spezielle Zeitschriften für die reife Zielgruppe, die immer mehr Akzeptanz finden. Diese und die oben aufgeführten Zeitschriften bieten eine sehr gute Grundlage, um gezielt und mit wenig Streuverlusten zu kommunizieren. Beispiele für diese *speziellen Zeitschriften* sind:

- Lenz
- Go longlife
- Über 40
- Brigitte woman
- und viele mehr

4.7 Produktangebot

Ein übersichtliches *Produktangebot* mit besonderem Benefit für die reife Frau sollte geboten werden. Es ist wichtiger, auf Qualität statt auf Quantität zu achten. Einen besonderen Stellenwert nimmt die Pflege und hier besonders die Reinigung ein. Gut geeignet ist ein Shampoo (oder eine Seife), das mit viel Schaum die Perücke gründlich säubert (z. B. aus der Pflegeserie Lofty).

Weitere Interessengebiete (einsetzbar im redaktionellen Teil des Kataloges):

- Gesundheit
- Ernährung (Vitamine)
- Reisen
- Fitness

4.8 Besonderheiten

Nicht zu vernachlässigen sind die körperlichen Besonderheiten unsere Zielgruppe. Der große Teil der Frauen befindet sich im *Klimakterium*. Eine Tatsache, die oft belächelt wird, aber auf keinen Fall ignoriert werden darf.

In dieser Phase, die von starken Schwankungen des Hormonhaushaltes einer Frau geprägt ist, durchläuft sie besondere physische als auch psychische Veränderungen. Man muss ganz speziell auf die *individuellen Bedürfnisse* der Frauen achten. So sollte man z. B. auf den besonderen Drang nach Jugendlichkeit und die Aversion gegen das Alter oder auch auf die Veränderungen der Umwelteinflüsse eingehen.

Viele Frauen erleben in dieser Phase einen kompletten *sozialen Umbruch*. Von der Geschäftsfrau zur Hausfrau oder von der unabhängigen Frau zur Oma mit psychischen Verpflichtungen gegenüber den erwachsenen Kindern oder eventuell sogar Verpflichtungen gegenüber den Eltern, die Pflege benötigen.

Generell sind Frauen in dieser Phase die Weiblichkeit und die Beziehung zu sich selbst und ihrem Körper besonders wichtig, dies muss in der Kommunikation berücksichtigt werden.

4.9 Beeinflusser

Wer beeinflusst diese Zielgruppe, könnte also als *Meinungsbildner* auftreten?

Zum einen sind das die *Freundinnen*, die oft im gleichen Alter sind und die gleichen Interessen teilen (z. B. Kegelclub). Hier werden Erfahrungen ausgetauscht und wird Kritik geübt. Aber auch die berüchtigten „Frauen-Kriege" werden meist in dieser Beziehung ausgetragen. „Was die Freundinnen über einen denken" hat einen besonders hohen Stellenwert!

Oft wird aber auch eine besonders innige Freundschaft zu der *Tochter* gepflegt. In dieser Beziehung übernimmt die Mutter zwar immer noch die Rolle der Erfahreneren – nimmt aber gerade hier auch gerne Tipps zur Veränderung und zur Verjüngung an. Die Tochter als Sinnbild der Jugend gilt oft als Grund für grundlegende Änderungen wie Haarschnitte oder Farben etc.

Der *Mann* ist zwar ein Beeinflusser – aber meist nur indirekt. Für ihn möchte die Frau etwas ganz Besonderes sein. Für ihn macht sie sich attraktiv, ihm will sie gefallen. Von ihm will sie Komplimente, Geschenke. Was im ersten Moment sehr klischeehaft klingt, ist doch bei näherer Betrachtung die Realität. Natürlich bezieht sich die Akzeptanz nicht nur auf körperliche, sondern immer zunehmend auch auf geistige Attribute. So ist der reifen Frau von heute eine hohe Allgemeinbildung um Einiges wichtiger, als es vor einigen Jahren der Fall war.

5. Markt und Wettbewerber

5.1 Markt

In der heutigen Zeit sind viele Frauen *stressgeplagt* und haben einfach keine Zeit mehr, sich die Haare immer wieder selbst zu machen. Viele Frisuren und Haarschnitte sind heute zwar oft sehr pflegeleicht, aber längst nicht alle Frauen haben problemloses Haar oder bevorzugen Stylings, die über den „praktischen Alltagsgebrauch" hinausgehen. Dennoch wollen sie für jede Situation gewappnet sein. Daher sind gerade für diese Frauen Perücken und Haarteile eine praktische Lösung.

Junge Frauen haben Spaß an einer *Frisurverwandlung*. Hier spielt die Motivation „nicht immer gleich aussehen zu wollen" eine große Rolle. Faszinierend, wie man im Handumdrehen eine traumhafte Langhaarfrisur besitzt, ohne jahrelang zu warten, bis die Haar wachsen. Oder umgekehrt: Mit der Zweithaarfrisur verwandelt sich eine lange Mähne schnell in einen Kurzhaarschnitt.

Doch nicht immer ist es das vergnügliche Spiel mit der Mode, weshalb Frauen zu Perücken greifen. Oft liegen die Gründe in *krankheits- und altersbedingtem* Haarverlust.

So kann man bei Zweitfrisuren *drei Käufergruppen* unterscheiden:

- Die Frau, die ohne Risiko gerne neue Trends in der Haarmode mitmacht.
- Die Frau, die gepflegt aussehen oder lichtes Haar kaschieren möchte.
- Die Frau, die sich krankheitsbedingt gezwungen sieht, eine Perücke zu tragen.

Gruppe 1 und 2 der Käufer haben eine positive Einstellung zu Zweithaarfrisuren. Sie wählen die Perücke als *modisches Accessoire*.

Gruppe 3 ist eine sehr sensible Käufergruppe, die dem Haarersatz eher negativ gegenübersteht. Er wird stark mit der Krankheit in Verbindung gebracht und als *Prothese* empfunden.

Mit dem neuen *„Hair-Fashion"-Katalog* sollen die Käufergruppen 1 und 2 angesprochen werden, also Frauen, die aus modischen Gründen Perücken tragen.

5.2 Wettbewerber

Perücken werden auf unterschiedliche Weise auf dem Markt angeboten:

1. *Friseure* mit einer kleinen Auswahl an Zweithaarfrisuren.
2. *Perückenfachgeschäfte.*
3. *Kaufhäuser* mit Shop-in-Shop-Systemen.
4. *Universalversender* (wie Neckermann und Quelle) mit einem stark begrenzten Sortiment.
5. *Spezialversender* wie Lofty und der Wettbewerber Tien.

Ein vergleichbares Angebot zu Lofty bietet ausschließlich der Spezialversender Tien. Daher schließt sich hier ein Vergleich der beiden Versender an.

	Lofty	Tien
Listing im WWW	Weder beim Schlagwort Perücke(n) noch bei Zweithaarfrisur(en) erscheint Lofty in der Auswahl der Suchmaschinen.	Weder beim Schlagwort Perücke(n) noch bei Zweithaarfrisur(en) erscheint Tien in der Auswahl der Suchmaschinen. Selbst auf der Website von Tien ist der Katalog für Zweitfrisuren nur bei genauer Durchsicht zu entdecken und anzufordern.
Lieferzeit Katalog	Bei Internetbestellung: 2 Tage	Bei Internetbestellung: 5 Tage
Katalogversand	Im Papierumschlag mit Begleitbrief, beigelegten Bestellkarten, Spezialkatalog „Degenhardt Haarcollection" Prospekt zur Freundschaftswerbung	Im Papierumschlag mit Begleitbrief und Briefumschlag für Rückantwort. Störfaktor: Auf Rückseite des Begleitbriefes wird ohne Erklärung Werbung für Dampfdruckreiniger gemacht.
Katalogformat	20 cm x 28 cm	21 cm x 29,5 cm

Fortsetzung der Tabelle:

Seitenzahl	38	28
Logo	Namensnennung auf dem Titel.	Ja, auch auf dem Titel.
Claim	Wird durch wechselnden Slogan im Werbemittel ersetzt.	Tien Versand .....der bringt´s
Schrift, Font	Viele, sehr unterschiedliche Schrifttypen.	Unterschiedliche Schrifttypen mit ähnlichem Schriftbild
Katalog Titel	<ul><li>Frauenportrait</li><li>Frau Ende 50</li><li>Starkes Make-up</li><li>Stark retuschiertes Bild</li><li>Wirkt künstlich.</li><li>Kleidung und Gesamteindruck nicht zeitgemäß.</li><li>Slogan: Für mehr Lebensqualität! Steht über Portrait</li><li>Firmenname auf Titel</li><li>Hinweis: Haarmode 52</li><li>Hintergrundfarbe beige wirkt wie vergilbt</li></ul>	<ul><li>Frauenportrait</li><li>Frau Mitte 30</li><li>Dezent geschminkt</li><li>Natürliche Ausstrahlung</li><li>Schlichte, zeitlose Kleidung</li><li>Slogan: Einfach schönes Haar!</li><li>Steht unter Portrait.</li><li>Firmenname auf Titel</li><li>Eingeklinkte Fotos, die weitere Zielgruppen ansprechen.</li><li>Kundenvorteil wird ausgelobt: Testen Sie 14 Tage das Modell Ihrer Wahl</li><li>Hinweis, auf welcher Seite die Titelperücke zu finden ist.</li><li>Hintergrundfarbe hellgrau ist neutral</li></ul>

Fortsetzung der Tabelle:

Seite U2	• Sehr voll. Information sehr gedrängt. • Inhaltsverzeichnis nach Kollektionen. • Innerhalb der Kollektion Register der Perückenmodelle nach Seitenzahlen. • Unterteilung der Kollektionen wird kenntlich gemacht durch Farbe und Untertitel. • Angabe der Bestellnummer im Inhaltsverzeichnis. • Kein Eingangsbrief • Info zu Beratungstelefon, Haarqualität, Ermittlung der Größe, Anpassen, Pflege und Verarbeitung.	• Sehr voll. • Alphabetisches Register aller Perückenmodelle mit Angabe der Katalogseite. • Inhaltsverzeichnis nach Themen. • Brief von Johannes Tien • Hinweise zur Ermittlung der Perückengröße
Seite 3	Erstes Angebot Perücke „Sonja"	Typberatung. „Welche Perücke passt zu mir" Kundenempfehlungen.
Doppelseite 4 – 5	Reine Angebotsseite Drei Modelle werden gezeigt.	Reine Angebotsseite Vier Modelle werden gezeigt.
Rücktitel	Ein Modell im Angebot Adresse, Web, Telefonnummer, Fax und E-Mail	Ein Modell im Angebot Adresse, Web, Telefonr., Fax und E-Mail
Haarfarben-Übersicht	Auf Klappe am Rücktitel	Auf jeder Doppelseite.
Bestellschein	Unpersonalisiert im Katalog zum Rausreißen.	Personalisiert dem Katalog beigelegt.

Fortsetzung der Tabelle:

Member gets member	Ja	Nein
Anzahl Modelle	53	62

Abbildung 3: Katalogvergleich

6. Strategie

6.1 Redaktionelle Beiträge

Ein Ziel des Konzeptes ist es, die *Akzeptanz* in der Öffentlichkeit zu stärken und das Image von Zweithaarfrisuren zu erhöhen. Perücken gelten noch immer als Haarersatz anstatt als modische Ergänzung.

Der *Zeitpunkt* für den Einsatz der Marketing-Aktivitäten ist im Augenblick nahezu ideal, da gerade Haarteile ihre Renaissance erleben. Die Akzeptanz der Öffentlichkeit kann durch gezielte PR-Arbeit positiv beeinflusst werden. Redaktionelle Beiträge werden allgemein als neutral angesehen und haben die Macht, Trends zu entwickeln.

Diese Chance sollte genutzt werden und kann als Kombination mit dem werblichen Einsatz von *Anzeigen* oder *Advertorials* doppelte Wirkung erzielen. Besonders interessant sind hierbei Specials wie „Frühjahrs-Frisuren", „Die tollsten 100 Frisuren" usw. Um das passende Umfeld zu finden, können die Themenpläne der relevanten Zeitschriften eingesehen werden.

Um im *Public-Relations*-Bereich wirkungsvoll arbeiten zu können, ist ein langjähriger, regelmäßiger Kontakt zu Redaktionen notwendig. Da diese Gegebenheit bei Lofty nicht vorhanden ist, wird Unterstützung durch einen freien Journalisten empfohlen, der sich auf die Zusammenarbeit mit den relevanten Zeitschriften (s. Kapitel Zielgruppe) spezialisiert hat.

6.2 Anzeigen

Nachdem durch die redaktionelle Arbeit die Akzeptanz in der Öffentlichkeit gesteigert wurde, gilt es im zweiten Schritt, das *Bedürfnis* der Zielgruppe zu wecken.

Die *Anzeigen* sollten entweder in Verbindung mit einem *redaktionellen Beitrag* geschaltet werden oder sich auf alle Fälle an den Themenplänen der relevanten Zeitschriften orientieren. Hierdurch wird ein „Aha-Effekt" bei den Interessenten ausgelöst. Hat eine Zeitschrift als Themenspezial etwa „Die schönsten Frühjahrsfrisuren" – kurz oder lang, blond oder rot, dann werden viele Leserinnen wahrscheinlich einigen Frisuren ihre Aufmerksamkeit schenken. Sicher werden aber auch Zweifel wie „die Farbe ist toll, aber für immer?" oder bei einer Kurzhaarträgerin „Ach, was für eine schöne lange Mähne, aber das dauert ja ewig" entstehen.

Einige Seiten später stolpert genau diese Leserin auf eine *Anzeige* der Firma Lofty. Und diese Anzeige verspricht ihr genau das, was sie eigentlich will: Sie will die neuesten Trends ausprobieren, sie möchte sich vielleicht nur kurzfristig verändern, vielleicht auch zu einem besonders festlichen Anlass.

Die Anzeige nimmt also einen wichtigen Bestandteil der Kommunikation ein. Sie soll die Interessentin auffordern, den neuen *Lofty-Katalog* anzufordern.

Geeignete Zeitschriften sind beispielsweise:

- Frauenzeitschriften
- Yellow Press
- Zeitschriften für die ältere Generation
- Fernsehzeitschriften

6.3 Selfmailer

Mit der Kampagne sollen neue *Interessenten* gewonnen werden, bzw. der neue Katalog soll von der Zielgruppe angefordert werden.

Als weitere effektive Maßnahme sollte ein *Selfmailer* an Frauen im Alter zwischen 45 und 55 Jahren verschickt werden.

Zielsetzung:

Interessentengewinnung, Kataloganforderung

Maßnahmen:

Selfmailer an Frauen mit den Merkmalen

- Alter von 45 - 55 Jahre
- mittleres bis gutes Einkommen
- modebewusst
- eventuell Affinität zum Versandhandel

Umsetzung:

- Adressanmietung von Versandhaus-Kunden
- Adressanmietung von Abonnentinnen der Zeitschriften, in denen redaktionelle Beiträge erscheinen

6.4 Katalogversand

6.4.1 Anschreiben bei Katalogversand an Neukunden

Ein Muster für das Anschreiben an potenzielle Neukunden ist in der Abbildung 4 abgedruckt.

6.4.2 Katalogversand an bestehende Kunden und Interessenten

Zielsetzung:

Information über neues Produktsortiment, Bestellung

Maßnahmen:

Mailing mit Katalog an bestehende Kunden mit den Merkmalen

- Alter von 45 bis 55 Jahren
- bisherige Bestellung aus dem Trend-Sortiment

> Immer die perfekte Frisur mit Lofty Hair-Fashion
>
> Sehr geehrte Frau Musterfrau,
>
> vielen Dank, dass Sie sich für unseren Hair-Fashion-Katalog interessieren. Schon beim ersten Durchblättern werden Sie feststellen, wie attraktiv die neue Kollektion ist.
>
> Mit einer Zweitfrisur aus dem Hair-Fashion-Programm sind Sie in jeder Situation perfekt frisiert. Wenn die Zeit drängt, ein unerwarteter Termin ansteht oder Sie einfach keine Zeit haben, auf einen Friseurtermin zu warten, greifen Sie doch einfach zu einem Hair-Fashion-Modell.
>
> Passend zu Ihrer bevorzugten Garderobe unterstreichen die Modelle der neuen Kollektion Ihre individuelle Persönlichkeit. Von klassischem Chique bis zur trendigen Mode, von der Abendgala bis zum Shopping-Bummel, machen Sie mit einem Hair-Fashion-Modell immer einen glänzenden Eindruck.
>
> Alle Modelle der Lofty Hair-Fashion-Kollektion überzeugen durch ihre natürliche Ausstrahlung und Perfektion im Detail. Da stimmt einfach alles, bis hin zum optimalen Tragekomfort.
>
> Genießen Sie die Freiheit der perfekten Frisur mit einem Hair-Fashion-Modell. Sie werden sicher begeistert sein.
>
> Mit freundlichen Grüßen,
>
> Ihre Ingrid Degenhardt
>
> P.S.: Unser Service-Team (Tel.: 061 06/ 7 90 25) steht Ihnen für Fragen, Tipps und natürlich für die Bestellung gerne zur Verfügung.

Abbildung 4: Mailingtext

6.5 Neuer Katalog

Kernstück ist der Katalog. Er darf weder reine Information noch leere Phrasen enthalten, sondern muss eine Mischform bieten. Es muss sich um ein *Infotainment-Katalog* handeln. Dies steht für eine ideale Mischung aus Information und Entertainment.

Zielsetzung:

Information über neues Produktsortiment, Bestellung

Maßnahmen:

Verbindung Produktinformationen und modischer Aspekt,

spezielles Sortiment für die Zielgruppe

Umsetzung:

redaktioneller Mehrwert

lifestyle-orientierte Gestaltung

Die Inhalte des Kataloges sollten sein:

Service:
- Führung durch den Katalog durch persönliche Beraterin.
- Wie nehme ich Maß, wie passe ich die Perücke an und setze diese richtig auf?
- Welche Perücke passt zu mir (Passfoto)? Auf Farbtypen und Gesichtsformen eingehen.
- Bestellelemente
- Freundschaftswerbung (member gets member)
- Beratungshotline
- Pflege
- Versand- und Qualitätshinweise
- Farbpalette zum Heraustrennen

Redaktionelle Seiten:

- Frisch in den Frühling
- Vitamincocktailrezepte
- Pflege für Körper und Seele
- Gesundheitstipps

Angebot:

- Zweithaarfrisuren
- Haarteile
- Pflegeprodukte
- Accessoires
- Wellness-Produkte, z. B. Parfüm, Badesalze, Tee

Neben den Inhalten bildet die Gestaltung einen wichtigen Bestandteil des Gesamterscheinungsbildes des Kataloges. Hierbei sollten die folgenden Vorschläge umgesetzt werden:

- Models, die dem Alter der Zielgruppe entsprechen
- Lebenssituationen (keine gestellt wirkenden Bilder)
- Styling (modische Kleidung, natürlich geschminkt)
- Produktvarianten (Gestaltung der Frisur)
- Einzel- und Gruppenbilder
- Lebhafte Gestaltung; keine freigestellten Models oder einfarbige Hintergründe
- Saisonaler Bezug (z. B. Frühling, Weihnachten)
- einheitliche Schrift
- „loftige" Gestaltung
- eindeutige Text-Bild-Zuordnung

7. Budget

Abbildung 5 gibt einen Überblick über das notwendige Budget für die erörterten Aktionen.

PR-Arbeit durch freien Journalisten: Text für zwölf Pressemitteilungen, deren Versand über Lofty abgewickelt wird. Drei redaktionelle Beiträge inklusive deren Platzierung	ca: 7 500 Euro
Anzeigen: Konzept, Gestaltung Anzeigenschaltung (Durchschnittswert)	ca: 1 500 Euro ca: 8 000 Euro pro Belegung
Katalog Konzept, Gestaltung, Text, Shooting, Druck 16 Seiten/Auflage 50.000 24 Seiten/Auflage 50.000	ca: 31 000 Euro ca: 35 000 Euro
Selfmailer Konzept, Gestaltung, Text, Fotos aus Katalog, Druck	ca: 5 000 Euro
Adressmiete (Mindestauftragswert 1 000 Euro) Adressen (einmalige Nutzung) circa 0,37 Euro/Adresse Selektion (Fixkosten)	ca: 15 Euro pro 1 000 Adressen

Abbildung 5: Budgetplanung

8. Lofty – fit for future

Um Lofty fit für die Zukunft zu machen, sollten mittelfristig folgende Maßnahmen umgesetzt werden:

Hotelveranstaltungen:

Die Hotelveranstaltungen sollten durch die *Kooperation* mit ortsansässigen Modeboutiquen und/oder Parfümerien optimiert werden. Durch Modenschauen, bei denen die Models Zweitfrisuren von Lofty tragen, wird die Veranstaltung aufgelockert. Weiter kann eine Typberatung angeboten werden. Durch den Zusammenschluss erzielt Lofty Kontakte zu Kunden des Kooperationspartners.

Filialen:

Um neue Interessenten zu gewinnen und bestehende Kunden zu aktivieren, könnten die Filialen zu kleinen *Veranstaltungen* in Form von „Tag der offenen Tür" mit Typberatung und Visagisten einladen.

Temporärer Stand in Kaufhäusern

Endverbraucher-Messen (regionale Messen):

Auch der Besuch von regionalen Messen bietet großes Potenzial. Eventuell kann das Unternehmen auch hier mit einem Anbieter von Mode oder Kosmetika zusammen auftreten.

Kooperation mit Versandhandel:

Die Kunden von Versandhäusern können potenzielle Lofty-Kunden sein. Eine solche Kooperation kann durch das Tragen von Lofty-Zweitfrisuren durch die *Models* des Versandkataloges umgesetzt werden. Auf einer Extra-Seite wird schließlich auf die abgebildeten Zweitfrisuren und die Bestellmöglichkeit bei Lofty hingewiesen. Weiter ist die Beilage von Informationen über die Hair-Fashion-Kollektion in Paketen von Versandhäusern, wie beispielsweise Peter Hahn, anzudenken.

Internet:

Die derzeitige Homepage sollte an den neuen Auftritt angepasst werden. Weiter ist die Einrichtung eines *Online-Shops* zur Abrundung der Distributionswege unumgänglich. Doch nur wer die Seite auch findet, kann bestellen. Daher ist das Listing in den wichtigsten Suchmaschinen und Verzeichnissen vorzunehmen.

Printmedien:

Als Alternative oder Ergänzung zur Anzeigenschaltung können *Beileger* in den entsprechenden Zeitschriften eingesetzt werden.

Schlusswort

Für die Absolventen ist das berufsbegleitende Fachstudium an der DDA ein entscheidender „Milestone" für die Karriere im Direktmarketing. Neben fünf schriftlichen Klausuren und einer Diplomarbeit gehört die Durchführung einer Praxisarbeit – am Beispiel einer aus dem Markt gestellten Aufgabe – zum wesentlichen Bestandteil der Ausbildung. Die hohe Anzahl qualitativ beeindruckender Praxisarbeiten mit umfassenden und fundierten Strategien belegt auf eindrucksvolle Weise Qualität, Praxisorientierung und Ganzheitlichkeit der Ausbildung sowie das außergewöhnliche Engagement der Absolventen. Immer häufiger werden die Ausarbeitungen von den Auftraggebern nicht nur mit entsprechenden Auszeichnungen bedacht, sondern – und dies wiegt stärker als jedes Lob – auch umgesetzt.

Als Ehrenpräsident des Deutschen Direktmarketing Verbandes und Akademieleiter der Deutschen Direktmarketing Akademie möchte ich die Initiative von Prof. Dr. Holland, einige der Praxisarbeiten als Fallstudien zu veröffentlichen und damit einem breiten Kreis zuzuführen, daher besonders würdigen.

Peter K. Neff

Der Herausgeber

Nach Studium und Promotion an der Universität Münster begann Prof. Dr. Heinrich Holland seine berufliche Laufbahn in der Marketingabteilung eines Großversenders. Er hat sich in Forschung, Lehre und Beratung auf Marketing und Marktforschung spezialisiert. Holland lehrt an der Fachhochschule Mainz die Fächer Handels- und Direktmarketing und Quantitative Methoden in der Betriebswirtschaftslehre. Daneben hat er Lehraufträge an weiteren Institutionen wie der European Business School.

An der Deutschen Direktmarketing Akademie übt er die Funktionen des stellvertretenden Akademieleiters und Studienleiters aus und hat in dieser Funktion die hier beschriebenen Fallstudien betreut.

Prof. Dr. Holland hält Vorträge und Seminare zum Direktmarketing und Customer Relationship Management und berät Unternehmen zu diesen Themenstellungen. Er ist Member of the Board des European Center of Database Marketing (ECDM) Amsterdam und Mitglied des Herausgebergremiums der Buchreihe des Deutschen Direktmarketing Verbandes. Er hat 11 Bücher und mehr als 100 Aufsätze überwiegend zu Themen des Direktmarketing veröffentlicht.

MIX
Papier aus verantwortungsvollen Quellen
Paper from responsible sources
FSC® C105338

If you have any concerns about our products,
you can contact us on
ProductSafety@springernature.com

In case Publisher is established outside the EU,
the EU authorized representative is:
**Springer Nature Customer Service Center GmbH
Europaplatz 3, 69115 Heidelberg, Germany**

Printed by Libri Plureos GmbH
in Hamburg, Germany